Civilrechtspraktikum.

Zum Selbststudium und zum Lehrgebrauche.

Von

Dr. jur. et phil. Richard Schück,

Landrichter in Berlin.

Berlin 1899.

J. J. Heines Verlag.

Vorwort.

Die Fälle sind theils der Praxis entlehnt, theils konstruirt. Ueberall ist darauf Bedacht genommen, daß sie an der Hand möglichst einfacher Thatbestände zur Erläuterung wichtiger Rechtssätze oder zur Ergründung fruchtbarer Probleme dienen. Vielfach wird es dabei von besonderem Werthe sein, sich die Beweisfrage klar zu machen und das neue Recht mit dem alten zu vergleichen.

Die Fälle sind, so weit thunlich, nach der Reihenfolge des Gesetzbuches geordnet.

Möge die kleine Sammlung in ihrer Weise dazu beitragen, das Studium des Bürgerlichen Gesetzbuchs zu fördern.

Berlin, im Januar 1899.

Richard Schück.

Inhaltsverzeichniß.

Erstes Buch.

Allgemeiner Theil.

1. Der Rentier A. in Berlin vermacht in dem kurz vor seinem Tode errichteten Testamente seine Potsdamer Villa dem erstgeborenen Enkel. Seine beiden Zwillingstöchter, die sich an demselben Tage verheirathet hatten — die eine an einen Professor in Königsberg, die andere an einen Hauptmann in Metz —, kamen drei Tage nach dem Tode A's. um die nämliche Stunde, 9 Uhr Vormittags, mit einem Knaben nieder. Als das Testament bekannt geworden war, nahm der Professor die Villa als Erbe seines Sohnes für sich in Anspruch, einmal weil dieser in Wahrheit der ältere gewesen sei, indem die Sonne in Königsberg früher aufgehe als in Metz, sodann weil er schon während der Geburt geschrieen, also bereits vor der völligen Ausstoßung aus dem Mutterleibe das eigene Leben begonnen habe. Demgegenüber macht der Hauptmann geltend, daß das Kind des Professors nur in das Sterberegister eingetragen, also jedenfalls noch in der Geburt verstorben sei. Wie regelt sich die Beweislast? Wie ist der Fall zu entscheiden?

2. Ein 17jähriger Student hat mit der 15jährigen Tochter seines Hauswirths ein intimes Verhältniß angeknüpft, das nicht ohne Folgen geblieben ist. Die Konkumbenten und ihre Eltern wünschen nunmehr die unverzügliche eheliche Verbindung. Ist diese zn erreichen? Gesetzt, der mit den Eltern befreundete Standesbeamte habe die Ehe nach Erfüllung der im § 1317 B. G. B. vorgeschriebenen Form geschlossen, kann sie der Ehemann demnächst anfechten? Welche Rechtsstellung erlangt das vor der Ehe erzeugte Kind?

3. a) Der berühmte Professor der Philosophie X. in Heidelberg wird von dem ihm feindlich gesinnten Autor eines Lustspiels mit vollem Namen auf die Bühne gebracht und darin als eine lächerliche Figur dargestellt.

b) Ein Weinbergsbesitzer nennt einen von ihm produzirten Schaumwein „Fürst Bismarck". Zur Anpreisung bedient er sich in Circularen eines von ihm selbst ersonnenen und mit Fürst Bismarck unterzeichneten Belobigungsschreibens.

c) Dem Referendar Cohn wird von der zuständigen Behörde die Erlaubniß ertheilt sich Conrad zu nennen. Ein in derselben Stadt wohnender Schustergeselle Namens Conrad fühlt sich dadurch verletzt und bestreitet ihm das Recht zum Gebrauche des Namens.

Was kann der Berechtigte in den vorstehenden Fällen verlangen?

4. Der Portier einer Aktiengesellschaft hat es entgegen einer städtischen Polizeiverordnung und der ihm von dem Vorstande der Gesellschaft ertheilten Instruction unterlassen, bei Glatteis den Bürgersteig vor dem Gesellschaftshause zu bestreuen. A. fällt beim Vorübergehen hin und bricht sich ein Bein. Er macht den Portier und unter Bezugnahme auf § 31 B.G.B. den Verein für den Schaden verantwortlich.

5. Der eingetragene Gesangverein Harmonie wird statutengemäß durch A. als einziges Vorstandsmitglied vertreten. A. miethet von B. einen besonderen Vereinsraum und nimmt den C. als Vereinsdiener gegen 20 M. monatliches Gehalt an. Wegen Mißhelligkeiten treten die Mitglieder bis auf A., X. und Y. aus. A. verstirbt. Das Amtsgericht entzieht dem Vereine die Rechtsfähigkeit.

Das Vereinsinventar ist zum Theil in den Miethsräumen untergebracht, zum Theil ist es im Besitze der Erben.

B. klagt wegen rückständiger Miethe. — C. klagt wegen rückständigen Lohns. —

Wie und gegen wen haben sie zu klagen? Welche Rechte können die Beklagten wegen des Inventars geltend machen?

6. Aus Anlaß einer Ueberschwemmung treten drei angesehene Bürger der der betroffenen Ortschaft nahe gelegenen Kreisstadt zu einem Komitee zusammen und fordern zur Leistung von Beiträgen auf. Nachdem diese in Höhe von 10000 M. eingegangen waren, ereignet sich in der Kreisstadt selbst ein großer Brand, und sie beschließen 2000 M. den vom Brande Geschädigten zuzuwenden. Der Gemeindevorstand der überschwemmten Ortschaft klagt auf Zahlung der, wie er meint, ihm gehörig gewesenen 2000 M.

7. Der Kläger beauftragte den Gerichtsvollzieher X. gegen den Gerber A. wegen einer Forderung von 3000 M. die Zwangsvollstreckung zu bewirken. X. nahm infolgedessen den Verkauf einer Partie Wildhäute vor und erhielt von den Käufern die Kaufpreise im Gesammtbetrage von 2800 M. bezahlt. Er lieferte jedoch dieses Geld nicht an den Kläger ab, sondern wurde damit flüchtig. In dem über sein Vermögen eingeleiteten Konkurse meldete der Kläger seine Forderung an, bekam aber nur 200 M. Er nimmt den Fiskus auf den Rest in Anspruch. Ist die Klage begründet?

8. Der bisherige Eisenbahnbüreaudiener A. beansprucht von dem Kgl. Preuß. Fiskus, vertreten durch das Eisenbahnbetriebsamt zu X., mit der erhobenen Klage, Schadensersatz. Der Betriebsinspektor B., gleichfalls ein Beamter des Beklagten und zugleich Vorgesetzter des Klägers, hatte diesen nämlich zum Forttragen eines geladenen Extinkteurs angewiesen, der sich in Folge dessen entlud und ihn verletzte. Dem B., welcher damals die Prüfung von Feuerlöschgeräthschaften amtlich zu leiten und dem ihn dabei als Gehilfe dienenden Kläger die nach seinem Ermessen erforderlichen Anweisungen zu ertheilen hatte, fällt hierbei eine Fahrlässigkeit zur Last. Der Fiskus erhebt noch den Einwand, daß er mit dem Kläger bei der Anstellung einen Vertrag geschlossen habe, wonach dieser auf Ersatz irgend eines im Betriebe erlittenen Schadens verzichtet hätte. Ist die Klage begründet?

9. A. will sich an der B. rächen, weil sie die Verlobung mit ihm rückgängig gemacht hat. Als er sie eines Abends auf der Straße trifft, schneidet er ihr mit einer Scheere beide Zöpfe ab und wirft sie in die Gosse. Am andern Morgen findet sie der Lumpensammler C., nimmt sie ohne Kenntniß ihres Ursprungs als herrenloses Gut an sich und verkauft sie, nachdem er sie zuvor gereinigt, an den Friseur D. Kann die B. an A., C. oder D. Ansprüche erheben und worauf? Macht es einen Unterschied, ob die Zöpfe natürlich oder künstlich waren?

10. A. hat dem B. Früchte auf dem Halme verkauft. C., ein Gläubiger des A., pfändet sie einige Tage später. B. intervenirt und verlangt sei es als Eigenthümer sei es als besser Berechtigter Freigabe. Er behauptet zudem, daß C. um den Kauf gewußt habe.

11. A. verkauft und übergiebt seine Thonwaarenfabrik sammt allem Zubehör an B. und läßt sie ihm 3 Wochen später auf. Nach einiger Zeit verlangt C., als Eigenthümer einer Feldbahn, die den zum Betriebe der Fabrik erforderlichen Thon von einem Nachbargrundstücke herbeischaffte, von B. Zahlung der seit der Uebergabe der Fabrik an diesen rückständigen Jahresmiethe für die Benutzung der Bahn. B., der bisher angenommen hatte, daß A. Eigenthümer der Bahn war, verlangt Abweisung der Klage und widerklagend Anerkennung seines Eigenthums an der Bahn, mindestens soweit sie über sein, A.s, Grundstück laufe. Er bemerkt auch, daß die Bahn nicht Zubehör, sondern Bestandtheil des Fabrikgrundstückes sei (vgl. Dernburg, Sachenrecht, 1898, S. 22). B. beantragt Abweisung der Widerklage. Sollte er jedoch verurtheilt werden, so bittet er, dies nur gegen Erstattung des Werthes der Bahn zur Zeit der Uebergabe zu thun. Er weist darauf hin, daß er den Verkauf erst jetzt erfahren habe.

12. Dem Direktor einer Aktiengesellschaft ist eine Tantième von einem Drittel Prozent des jährlichen Reingewinns aus der geschäftlichen Thätigkeit der Gesellschaft zugesichert; als Reingewinn, so heißt es in dem Vertrage, hat der Begriff des Fruchtertrages im B.G.B. zu gelten. Er beziffert ihn auf 12000 M., während die beklagte Gesellschaft ihm nur 4222,08 M. zubilligt. Die Differenz rührt daher, daß der Kläger einen im Geschäftsjahre gemachten Agiogewinn (Gewinn aus Aufgeld für die Aktien bei der Erhöhung des Grundkapitals) von 7000125 M. berücksichtigt wissen will, was die Beklagte ablehnt, weil es sich hier nur um eine Vermehrung des Geschäfts- und Betriebskapitals handle.

13. A. verkauft sein Wirthshaus am 1. Februar an B. Die Uebergabe und Auflassung findet an demselben Tage statt. Bezüglich des Uebergangs der Nutzungen und Lasten soll der Abrede gemäß das Gesetz entscheiden. Im April verlangt B. von A. Zahlung a) von 2000 M., weil das Haus jährlich 12000 M., vierteljährlich im Voraus zahlbare Miethszinsen bringt, b) von 400 M., weil er am 1. April 1200 M. Hypothekenzinsen hatte zahlen müssen, c) von 600 M., weil er am 15. März diesen Betrag als von der Gemeinde auferlegte einmalige Abgabe für Einrichtung der Kanalisation hat leisten müssen und die Entrichtung dieser im März fälligen Abgabe schon im Januar beschlossen gewesen ist. Von den ersten beiden Beträgen fordert er Zinsen seit dem Tage der Aufforderung zur Zahlung, von dem letzten seit dem 15. März. A. meint, daß die Miethszinsen ihm gebührten, weil sie während der Zeit, wo er Eigenthümer gewesen, fällig geworden waren, und daß die Kanalisationsabgabe von B getragen werden müsse, weil hier allein der Zeitpunkt ihrer Entrichtung entscheide. Außerdem macht er folgende Gegenforderuugen geltend: Er hat im Januar das Haus durchweg in Stand setzen lassen und dafür 2400 M. gezahlt. Er hat weiter im Januar für das erste Vierteljahr 120 M. Grundsteuern und 60 M. Feuerversicherungsprämie entrichtet. Die Zinsforderung bezeichnet er als unbegründet.

B. erklärt, daß ihn die Gegenforderungen nichts angingen. Sofern Reparaturkosten überhaupt in Frage kämen, könnte A. nur einen verhältnißmäßigen Theil des üblichen Jahresbetrags von 1200 M. verlangen.

Wie ist zu entscheiden?

14. Die Schulknaben A. und B., ersterer $6^1/_2$, letzterer $7^1/_2$ Jahre alt, machen sich den Scherz, bei einem Konditor für ihren Lehrer in dessen Namen zum Geburtstage einen Kuchen zu bestellen. Der Kuchen wird geliefert und arglos verzehrt. Der Lehrer weigert sich ihn zu bezahlen. Kann sich der Konditor an ihn oder einen der beiden Knaben halten?

15. Der minderjährige A. kauft von B. am 1. April ein Reitpferd für 1000 M., zahlbar am 1. Mai. Als er es am andern Tage seinem Vormunde X. vorreitet, genehmigt dieser ihm gegenüber den Ankauf. Den 6. April wird das Pferd vom Blitz erschlagen. Am 7. April fordert B., der von dem Untergange des Pferdes nichts weiß, wohl aber von der dem A. gegenüber erklärten Genehmigung Kenntniß hat, den X. zur Erklärung über die Genehmigung auf. Nunmehr 1) verweigert X. die Genehmigung; 2) erklärt sich X. bis zum 21. April nicht. Was ist die Folge? — Wie steht es um die Bezahlung des Kaufpreises am 1. Mai, wenn B. inzwischen keine Aufforderung an X. gerichtet hatte?

16. Der 19jährige Landwirth A. ist durch ein Versehen des Gerichts, ohne daß er zuvor seine Einwilligung ertheilt hatte, für volljährig erklärt worden. Er hat von B. 10 Sack Kartoffeln gekauft und übergeben erhalten. Auf Zahlung des Kaufpreises belangt wendet er Ungiltigkeit des Vertrags wegen Minderjährigkeit ein.

17. A. giebt seinem Sohne B. 10 M. zum Ankaufe von Schulbüchern. B. verwendet das Geld anderweit und bleibt den Kaufpreis beim Buchhändler schuldig. Einige Zeit nachher erhält er von seinem Vater 20 M. zum Ankaufe von Bergschuhen. B. nimmt hiervon 10 M. und bezahlt damit den Buchhändler. Als A. dies erfährt, kondizirt er den Betrag. Mit Erfolg?

18. Der Sohn des orthodoxen Geistlichen A. kauft sich von seinem Taschengeld ein von einem freisinnigen Geistlichen verfaßtes Lehrbuch der Kirchengeschichte. Sein Vater ist über diese Anschaffung empört. Er erklärt, daß er dem Sohne zu diesen Zwecken das Taschengeld nicht gegeben habe, und verlangt vom Buchhändler Rückzahlung des Kaufpreises gegen Rückgabe des Buches. Der Buchhändler weigert sich dessen. Wie ist zu entscheiden?

19. Der achtzehnjährige Primaner A. bestellt bei dem Konditor B. zum Geburtstage der von ihm angebeteten Schauspielerin X. eine Torte für 10 M. und bezahlt sie. Nachdem die Torte längst verzehrt war, verlangt sein Vater die 10 M. von B. zurück, weil das Geschäft mangels seiner Zustimmung unwirksam gewesen sei. Der Beklagte B. führt aus, daß die Forderung unbegründet sei, weil A. die Zahlung, wie nicht bestritten wird, mit seinem Taschengelde geleistet hat und weil eine Rückgabe der Torte nicht mehr möglich ist. — Wie ist der Fall zu entscheiden? Und wie, wenn A. erst durch den Verkauf seiner Schulbücher oder gar durch einen Griff in die Wirthschaftskasse seiner Mutter sich die 10 M. verschafft hat?

20. Der Vormund A. hat seinen 16jährigen Mündel B. mit Genehmigung des Vormundschaftsgerichts zum selbstständigen Betrieb eines Cigarrengeschäfts ermächtigt. B. vereinbart mit dem benachbarten Restaurateur C., daß dieser ihm die tägliche Beköstigung gegen monatliche Bezahlung liefern solle. Als C. am Ende des ersten Monats vergeblich Zahlung verlangt und darauf Klage erhebt, wendet B. ein, er sei nicht prozeßfähig, auch sei der Vertrag mit C. mangels Einwilligung des Vormunds unwirksam, da die Beschaffung des Lebensunterhalts mit dem Geschäftsbetriebe nichts zu thun habe.

21. Die A. hatte von ihrem Vormunde die Erlaubniß erhalten, sich dem Schauspielerberufe zu widmen. Nachdem sie sich zur Heroine ausgebildet, schloß sie, ohne die Zustimmung des Vormunds nachzusuchen, einen dreijährigen Engagementsvertrag mit dem Intendanten einer Hofbühne. Von diesem wird sie wegen Vertragsbruchs auf Zahlung einer Konventionalstrafe von 5000 M. belangt. Sie wendet ein, daß der Vertrag mangels Genehmigung des Vormunds und des Vormundschaftsgerichts für sie unverbindlich sei. Der Kläger erklärt, daß die letztere nicht erforderlich, die erstere aber in der Billigung der Berufswahl zu finden sei.

22. Die minderjährige A. ist mit Genehmigung ihres Vaters als Amme in Dienst getreten. Als sie 2 Jahre darauf, noch während ihrer Minderjährigkeit, wiederum entbindet, will sie aufs Neue eine Ammenstelle annehmen. Bedarf sie dazu der Ermächtigung ihres Vaters?

23. In einer Gesellschaft von Sportsleuten rühmt A. die vortrefflichen Eigenschaften seines werthvollen Rennpferdes Helios. B. äußert: „Prächtiges Pferd, aber mir lassen Sie es für 500 M.“ A. erwidert: „mit Vergnügen“ und schlägt in die dargebotene Hand B's. ein, denkt aber dabei in seinem Innern, er werde sich hüten dem B. das zehnmal so viel werthe Pferd für 500 M. zu verkaufen. 1) Auf diesen Vorbehalt beruft er sich, als er von A. auf Uebergabe des Pferdes gegen Zahlung von 500 M. belangt wird. — 2) A. erzählt den Vorfall und den Vorbehalt seinem Freunde C., und dieser theilt sein Wissen dem D. mit. Als A. und D. einige Tage darauf zusammentreffen, ereignet sich zwischen ihnen derselbe Vorgang, wie vorher zwischen A. und B. Auch D. stellt die Kaufklage an.

24. Der von seinen Gläubigern bedrängte A. kommt mit B. überein, daß dieser seine Möbel für einen fingirten Preis kauft und ihm die erkauften und übergebenen Möbel gegen einen fingirten Zins vermiethet. C., ein Gläubiger A's., läßt die Möbel pfänden. B. intervenirt und macht sein Eigenthum geltend. Welchen Einwand hat C?

25. A. verkauft dem B. ein Pferd in Wahrheit für 200 M., verabredet aber mit ihm zum Schein einen Kaufpreis von 500 M. Hierauf tritt A. seine Forderung an B. dem gutgläubigen C. ab. C. klagt 500 M. ein. Kann B. geltend machen, daß er nur 200 M. verschulde?

26. A. und B. kommen miteinander überein, A. solle gegen B. auf Zahlung einer erdichteten Darlehnsschuld klagen, B. solle sich im Versäumnißverfahren verurtheilen, hierauf solle A. auf Grund des Urtheils bei B. pfänden lassen, die Pfandstücke in der Zwangsversteigerung erstehen und alsdann als geliehen im Besitze des Schuldners belassen. Das alles ist geschehen. C., ein Gläubiger des B., läßt bei ihm wegen einer vollstreckbaren Forderung die von A. ersteigerten Sachen pfänden und begegnet seiner Interventionsklage mit dem Einwande des Scheins. Wird er damit durchdringen?

27. Eine lustige Gesellschaft kommt überein, A. solle dem B., wenn er in die Gesellschaft kommt, zum Scherz sein Pferd, das 2000 M. werth

ist, für 200 M. verkaufen. A. giebt die Erklärung zum Scherz ab, B. erkennt den Scherz nicht und nimmt sie im Ernst an. B. verkauft das Pferd, noch bevor es ihm übergeben ist, an C. für 2000 M. weiter. C. verlangt Uebergabe des Pferdes von B. und von A. Auch B. begehrt sie an sich selbst oder an C. A. verweigert die Uebergabe. Ist er dazu verpflichtet? eventuell ist er schadensersatzpflichtig?

28. A. verkauft dem B. ein Pferd und übergiebt es dem C. in der Meinung, dieser sei B. Welche Klage hat A?

29. A. bestellt bei dem Reisenden B., in der Annahme daß dieser für den ihm bekannten Weingroßhändler X. reise, Wein. Nach Empfang des Weins ersieht er aus der Rechnung, daß er bei Y. gekauft hat. Kann er das Geschäft rückgängig machen? Wie, wenn B. Jahre lang bei X. thätig und als dessen Reisender mit A. in Verkehr getreten, zur Zeit der letzten Bestellung aber von X. abgegangen und bei Y. eingetreten war?

30. A. kauft von B. für 5 M. ein Lotterieloos während der Ziehung; beide wissen nicht, daß es bereits mit einem Gewinne von 1000 M. gezogen war. B. verklagt den A. auf Herauszahlung von 995 M.

31. A. kaufte von B. ein Grundstück für 6000 M. und übernahm im Vertrage die auf das Grundstück entfallenden, von beiden auf 530 M. angenommenen Straßenanlagekosten. Als er einen Monat darauf das Grundstück bebauen wollte, erfuhr er, daß der Beitrag zur Straßenanlage 3680 M. betrage. Er klagt auf Aufhebung des Vertrages wegen wesentlichen Irrthums.

32. A. läßt am 24. Juni Vormittags telephonisch bei B. anfragen, wieviel 100 Schieferplatten in näher bezeichneter Form kosten. B. antwortet telephonisch: 200 M. Es wird ihm hierauf erwidert, er würde Bescheid erhalten. Ein solcher Bescheid geht ihm nicht zu, wohl aber trifft am 25. Juni Vormittags eine schriftliche Bestellung A's. auf 100 Schieferplatten der angegebenen Form ein, jedoch ohne daß in dem Schreiben auf das telephonische Gespräch hingewiesen oder ein Preis angegeben war. Als B. nach Lieferung der Waare 200 M. fordert, weigert sich A. diesen Betrag zu zahlen. Er hatte 100 M. verstanden, will nur soviel bezahlen und hält auch mehr nicht für angemessen. B. klagt und fordert eventuell die 200 M. als angemessenen Kaufpreis. Was hat B. zur Begründung seines Anspruchs zu beweisen? Kann er die 200 M. als verabredeten Kaufpreis fordern?

33. A. bestellt im Restaurant des B. nach der Speisekarte ein Schnitzel. Bei der Bezahlung verlangt der Kellner dafür 1,75 M. A. weist darauf hin, daß es in der Speisekarte nur mit 1,25 M. verzeichnet steht und bleibt bei seiner Weigerung einen höheren Preis zu zahlen, auch nachdem ihm der Kellner durch Vorlegung der übrigen Speisekarten nachgewiesen, daß die gerade dem A. vorliegende lediglich einen Schreibfehler enthält. Der hinzugerufene Wirth B. einigt sich mit A. dahin, daß dieser vorläufig nur 1,25 M. zahlen und wegen der verbleibenden 0,50 M. das Gericht ihren Streit schlichten solle. Wie ist zu entscheiden?

34. A. verkauft dem B. mittels notariellen Vertrages das Grundstück Müllerstraße Nr. 23 für 200000 M. Wie es zur Auflassung kommt, sieht A., daß er sich in der Nummer geirrt hat, daß ihm nicht Nr. 23, sondern 32 gehört. B. verlangt indes die Auflassung von Nr. 23 und klagt gegen A. auf Erfüllung des Vertrages.

35. A. braucht zu einer Studienreise in das Ausland Geld. Aus diesem Grunde und weil er die Unbequemlichkeiten und Kosten des Transports und der Verzollung nicht auf sich nehmen mag, will er 5000 Stück hochfeine Cigarren, die er selbst gelegentlich sehr billig erworben hatte, um jeden Preis losschlagen. B. bietet ihm brieflich für 5000 Stück den Preis von nur 100 M. das Tausend. A. liest versehentlich 3000 statt 5000 Stück und erklärt sofort kurzweg die Annahme des ihm gemachten Gebots, indem er zugleich bedauert, daß B. ihm nicht noch weitere 2000 Stück, die er auf Lager habe, zum gleichen Preise abnehmen wolle. Demnächst stellt sich der Irrthum heraus. Da inzwischen A's. Geldbedürfniß anderweit gehoben ist, will er den Ankauf wegen 2000 Stück Cigarren anfechten, weil er sich über den Inhalt seiner auf 5000 Stück lautenden Annahmeerklärung geirrt habe. Ist er hierzu berechtigt? (Aus Eck, Sammlung von Vorträgen über den Entwurf eines B.G.B., Heft 1 S. 47. Vgl. hierzu Muskat bei Gruchot, Bd. 42 S. 769 ff.)

36. A. kommt zu dem Lotterieeinnehmer B. und fragt nach Loosen der Wohlfahrtslotterie, die am anderen Tage Vormittags um 10 Uhr gezogen werden sollte. B. erwidert ihm, daß er nur noch die Nummern 11 und 12 habe. A. kauft Nr. 11. Nachdem bei der Verloosung unter den ersten Loosen Nr. 12 mit einem Gewinn von 10000 M. gezogen worden, eilt A. am Vormittag um 10½ Uhr zu B. und bittet ihn, das ursprünglich gekaufte Loos Nr. 11 gegen Nr. 12 umzutauschen. B. thut es arglos. Hierauf kommt am Nachmittag Nr. 11 mit 20000 M. heraus. A. ficht den Umtausch als ungiltig an und verlangt klagend von B. Herauszahlung von 10000 M. Dieser macht geltend, daß höchstens er zur Anfechtung berechtigt gewesen wäre, weil A. seine Unkenntniß von dem auf Nr. 12 gefallenen Gewinne habe benutzen wollen, um sich diesen zuzueignen. A. erwidert, daß er keine Verpflichtung gehabt habe, den Grund, aus dem er den Tausch begehrte, anzugeben. B. hätte ihn darnach fragen können, da er von dem Beginne der Ziehung unterrichtet gewesen sei. Uebrigens habe B. mit dem Loose Nr. 11 die Chance auf einige noch nicht gezogene Gewinne von größerem Betrage als 10000 M. erhalten.

37. Ein Klempnermeister, dessen Geschäftsbetrieb über das Maaß des Handwerkes nicht hinausging, gerieth mit einem Kaufmanne, in dessen Grundstück er eine Röhrenanlage fertigte, in Streit über die Angemessenheit des Preises, welchen er für das Pfund Bleirohr in Rechnung stellen wollte. Nach längerem, in Gegenwart von Bekannten stattgehabten Hin- und Herreden erklärte der Kaufmann, er wolle dem Klempnermeister so viele Bleiröhren von denselben Dimensionen, wie die von letzterem verwendeten, zu einem Viertheil des von dem Klempnermeister berechneten Preises liefern. Als der Meister fragte: Auch eine Million Pfund? bejahte dies der Kaufmann und bemerkte, das gebe einhundert Waggons, er werde einen Extrazug nehmen, dem Meister werde nicht wohl werden, wenn der Zug auf dem Bahnhofe stehe. Nachdem der Kaufmann dem aufgebrachten Meister erklärt hatte, es sei kein Spott, den er mit ihm treibe, gaben sich beide die Hände, und ein Bekannter schlug durch. Es steht fest, daß der Preis des Bleirohres nur geringen Schwankungen unterliegt, und zwar nicht so hoch zu stehen pflegt, wie die in Aussicht gestellte Preisberechnung des Klempnermeisters bei der Röhrenanlage, aber doch dreimal so hoch als der von dem Kaufmanne geforderte Preis, sodaß im Falle eines ernstlich gemeinten Geschäftes der Kaufmann einen sicheren Verlust von 120000 M. auf sich genommen hätte. Da er demnächst das Ganze für einen Scherz erklärte, was schon aus den Umständen klar erhelle, klagte der Klempnermeister auf Vertragserfüllung.

38. Der Prokurist A. bedroht bei seiner Entlassung seinen Chef B. damit, daß er dessen schlechte Vermögenslage den Kunden mittheilen werde, wenn dieser ihm nicht 1000 M. zahle. B. verspricht es. Als A. einige Monate später die 1000 M. einklagt, erhebt B. die Einrede des Zwanges.

39. A. nöthigt den B., einen nach zwei Jahren fälligen Wechsel über 500 M. als Deckung für ein angeblich gewährtes Darlehn zu acceptiren und zwar dadurch, daß er ihm die Nahrungsmittel entzieht. Am Fälligkeitstage präsentirt A. dem B. den Wechsel zur Zahlung. Kann er der Klage gegenüber den Einwand des Zwanges machen?

40. A. stellte im Januar dem B. einen Schein aus, worin er anerkannte, ihm 800 M. zu verschulden. Seine Frau übernahm schriftlich die Bürgschaft dafür, weil der Kläger zu ihrem Manne gesagt hatte, er werde ihn wegen Beiseiteschaffung eines gepfändeten Klaviers in's Zuchthaus bringen, wenn er nicht die Bürgschaft seiner Frau beschaffe. A. gerieth im April in Konkurs, und B. fiel mit seiner Forderung in Höhe von 75 % aus. Er nimmt im November Frau A. auf Zahlung von 600 M. in Anspruch. Sie erhebt den Einwand, daß die Bürgschaft wegen Zwanges nichtig sei.

41. A. sieht auf der Straße den ihm feindlich gesinnten B., der ihm schon längst eine Tracht Prügel angekündigt hatte, mit erhobenem Stocke und drohender Geberde auf sich zukommen. In seiner Angst ruft er dem vorübergehenden C. zu, dieser möchte ihn von B. befreien, er zahle ihm dafür 100 M. C. jagt den B. davon. A. zahlt aber nicht. Verklagt wendet er ein, daß er das Versprechen unter dem Eindrucke der Drohung B.'s abgegeben habe und es daher als ungiltig anfechte.

42. Der Student A. hat unter Berufung darauf, daß sein Onkel B. alle seine Schulden bezahlen werde, sich bei C. 200 M. geborgt. Auf C.'s Begehren hat B. die Schuld bezahlt. Einige Zeit darauf hat A. sich wiederum bei C. 100 M. geborgt. Dieses Mal verweigert B. die Berichtigung der Schuld. C. droht ihm, öffentlich bekannt zu machen, daß A. ein Lump sei, weil er Jeden anpumpe und Keinen bezahle, und daß sein Onkel B., auf den er sich beim Anpumpen stets berufe, nicht viel mehr werth sei. B. fürchtet, daß C. seine Drohung wahr machen möchte, und zahlt die 100 M. Er frägt, ob er sie zurückfordern kann?

43. Der Pferdehändler A., ein Gläubiger des Lieutenants B., weiß, daß dieser sein Rennpferd Caesar verkaufen will, um seine Schulden zu bezahlen. A. spiegelt deshalb dem Gutsbesitzer C. vor, daß Caesar im vorigen Jahre verschiedene Rennen gewonnen habe, und veranlaßt dadurch den C., dem B. für das Pferd einen unverhältnißmäßig hohen Preis anzubieten. Nach Abschluß und Erfüllung des Kaufs erfährt C. zu seinem

Schrecken, daß nicht Caesar, sondern das einem Namensvetter von C. gehörige Pferd Brutus die Siege davongetragen hat. Welche Ansprüche hat C.? Welche, wenn A. ihn bedroht hat, er werde ihn, wo immer er ihn treffe, erschießen, falls er nicht binnen 3 Tagen dem B. das Pferd abkaufe, und wenn C., durch die Drohung veranlaßt, das Pferd gekauft hat?

44. A. droht, mit einem geladenen Revolver in der Hand, dem B., daß er ihn erschießen werde, 1) falls er nicht unverzüglich einen Schuldschein über ein angeblich von A. empfangenes Darlehn von 1000 M. ausstelle. B. läßt sich durch die Drohung dazu bestimmen. A. tritt hierauf die angebliche Forderung dem gutgläubigen C. entgeltlich ab. — 2) falls er ihm nicht augenblicklich das Eigenthum an seinem (B.'s) Reitpferde übertrage. B., eingeschüchtert durch die Drohung, übergiebt das Pferd dem A., beide sind einig, daß das Eigenthum auf A. übergehen soll. A. führt das Pferd weg und verkauft es für 500 M. dem gutgläubigen C.

Kann in dem 1. Falle B. auf die Klage C.'s sich mit Erfolg auf den erlittenen Zwang berufen? Kann er im 2. Falle das Pferd von C. wegen des von A. verübten Zwanges herausverlangen?

45. Der Kaufmann A. erklärt dem Vater seines Lehrlings B., daß er diesen wegen Unterschlagung anzeigen werde, wenn der Vater nicht den unterschlagenen Betrag ersetze. Der Vater verpflichtet sich hierauf schriftlich, dem A. die unterschlagene Summe binnen vier Wochen zu zahlen. Nach Ablauf dieser Frist droht A. dem Vater, daß er ihn verklagen werde, falls er nicht binnen 24 Stunden zahle. Im Prozeß erhebt der Vater den Einwand des Zwangs.

46. A. und B. verhandeln schon über Jahr und Tag wegen Ankaufs eines dem B. gehörigen Oelgemäldes. Im Jahre 1900 einigen sie sich endlich über den Preis und die sonstigen Bedingungen und sie kommen überein, den Vertrag schriftlich aufzusetzen. Dies geschieht. Nachdem sie ihn bereits unterschrieben haben, entdecken sie, daß sie die gleichfalls gewollte Bedingung: Ablieferung des Oelgemäldes bis spätestens zum 1. März 1901 in die in X. gelegene Sommerwohnung A's, versehentlich in den Vertrag nicht aufgenommen haben. Es ist ihnen indeß zu mühsam nochmals zur Feder zu greifen und sie erklären deshalb übereinstimmend, daß auch diese Abrede gelten solle, gerade so gut wie wenn sie niedergeschrieben wäre.

A. wartet bis zum Oktober 1901 vergeblich auf das Oelgemälde. Er klagt daher unter Erbieten zur Zahlung des Kaufpreises auf Lieferung des Gemäldes nach seiner in X. gelegenen Sommerwohnung. B. bittet um Abweisung. Er erachtet den ganzen Vertrag für nichtig, weil die erwähnte Bedingung darin fehle. A. ist umgekehrt der Meinung, daß der Vertrag einschließlich jener Bedingung rechtswirksam sei. Eventuell könnte höchstens die Nebenabrede nichtig sein; alsdann entscheide insoweit das Gesetz. Er erkläre sich, falls das Gericht der letzteren Ansicht sein sollte, durchaus damit einverstanden, daß B. nun zur Uebergabe des Gemäldes gegen Zahlung des Kaufpreises verurtheilt werde.

47. A. hat sein Haus dem B. auf 5 Jahre vermiethet. B., der Pole ist und deutsch weder lesen noch schreiben kann, hat den in deutschen Schriftzeichen aufgesetzten Vertrag mit seinem Namen in lateinischer Schrift unterzeichnet. Er kündigt den Vertrag zum Schluß des ersten Jahres. A. nimmt die Kündigung nicht an, verklagt ihn vielmehr auf Anerkennung, daß der Miethsvertrag zu Recht bestehe. B. macht geltend, daß er wie ein Analphabet zu behandeln sei und daß er auch von dem umfangreichen Inhalte des Miethsvertrags vor der Unterschrift keine Kenntniß genommen habe. Ist das erheblich?

48. Dem A. war eine Hypothek von 100000 M. zum 1. April gekündigt worden. Er hatte sich bisher vergeblich gemüht, das zu ihrer Tilgung erforderliche Geld zu beschaffen. Das erzählt er in einer Gesellschaft dem ihm befreundeten Hypothekenmakler B., worauf dieser sich sofort zur Regulirung der Angelegenheit bereit erklärt. A. verspricht ihm erfreut „ein Stück Goldes“. Nachdem B. am 1. April dem A. die 100000 M. eingehändigt hatte, sendet dieser ihm am nächstfolgenden Tage mit einem verbindlichen Dankschreiben ein Fünfmarkstück in Gold. B. klagt auf Zahlung von 495 M., indem er geltend macht, daß die ortsübliche und angemessene Provision $\frac{1}{2}\%$ betrage und daß er mindestens auf sie Anspruch habe. A. hingegen beruft sich auf den Wortlaut seiner Zusage.

49. A. und B. spielen gemeinschaftlich ein Loos in einer in Preußen verbotenen Lotterie (Ges. v. 29. Juli 1885). A. ist im Besitze des Looses und zieht den Gewinn ein. Auf die Klage des B., ihm die Hälfte herauszugeben, wendet er Nichtigkeit des Spielvertrags ein.

50. A. kauft im Laden des B. unter Verstoß gegen das Gesetz, betreffend die Sonntagsruhe, eine Kiste Cigarren. Auf den Kaufpreis belangt erklärt er: das Geschäft sei nichtig, weil es einem gesetzlichen Verbote zuwiderlaufe; er wolle die Cigarren zurückgeben.

51. A. hatte sich durch gerichtlichen Vertrag unter die Vormundschaft seiner Frau gestellt und darin ausdrücklich auf das Recht selbstständig Verträge abzuschließen und Verbindlichkeiten einzugehen verzichtet. Als er aus einer hiernach kontrahirten Darlehnsschuld belangt wurde, berief er sich auf diesen Vertrag.

52. A. fragt den B., ob er ihm nicht Margarine (Kunstbutter) liefern wolle, die als natürliche Butter verkauft werden könnte. B. bejaht das. Sie schließen darauf einen Vertrag, wonach B. sich verpflichtet dem A. zwei Centner Margarine zum 1. April käuflich zu liefern mit der Zusicherung, daß dieser sie als Naturbutter würde weiter veräußern können. Der Verkauf von Margarine unter unrichtiger Benennung ist nach dem Reichsgesetze vom 15. Juni 1897 verboten. Da inzwischen der Preis für Margarine sehr gestiegen ist, liefert B. nicht. Der Klage des A. auf Lieferung der Margarine gegen Zahlung des Preises setzt er entgegen, daß es sich um ein nichtiges Geschäft handele.

53. A. hat α) seinen eigenen Leichnam, β) den seines Vaters, γ) den seines unmündigen Kindes dem Arzte B. zu wissenschaftlichen Zwecken veräußert und im Voraus das Kaufgeld gezahlt erhalten. B. verlangt den Leichnam im Falle α) von A's Erben, im Falle β) und γ) von A. als alleinigem gesetzlichen Erben des Verstorbenen heraus. Eventuell fordert er Erstattung des Kaufpreises.

54. Ein Mädchen verkauft α): seinen natürlichen Zopf dem A. für 100 M. und seine linke Hand dem B. für 1000 M.; — β): für den Fall, daß Zopf oder Hand nicht mehr Bestandtheile ihres Körpers sind. Beide klagen auf Erfüllung, und zwar im Falle α) einmal während Zopf und Hand noch Bestandtheile des Körpers sind, sodann zu einer Zeit, wo sie es nicht mehr sind, weil nämlich die Verkäuferin sich den Zopf selbst abgeschnitten hat und den linken Arm sich zufolge einer Blutvergiftung hat abnehmen lassen müssen, im Falle β) nachdem der Verkäuferin ihr eifersüchtiger Bräutigam den Zopf abgeschnitten und sie darauf sich die linke Hand abgehauen hatte.

55. A. verkauft sein Haus dem B. und erklärt ihm dabei, daß er es nur thue, um mit dem Kaufpreise auszuwandern und seine ihm verhaßte Frau mittellos zurückzulassen. Kurz nach Abschluß des Geschäfts söhnt er sich mit seiner Frau aus. Er verlangt von B. das Haus gegen Rückgabe

des Kaufgelds zurück, indem er die Ansicht vertritt, daß das Geschäft unsittlich gewesen sei.

56. A. bittet den B., ihm ein Darlehn von 1000 M. zu gewähren, damit er sich am Schmuggel nach Rußland beteiligen könne. B. giebt ihm das Darlehn gegen die Zusage von 4 % Zinsen. A. verweigert nunmehr die Rückzahlung, weil es sich um ein unsittliches Geschäft gehandelt habe, und erklärt jedenfalls die Zinsforderung für hinfällig.

57. A. hat in Berlin mit seinem Bruder B. einen schriftlichen Vertrag geschlossen, wonach dieser gegen jährliche Vorauszahlung eines Jahrgeldes von 6000 M. sich verpflichtet, dem A. bei Vermeidung einer Konventionalstrafe von 10000 M. an jeden Ort zu folgen, wo B. es für gut finden sollte, seinen Wohnsitz zu nehmen. B. hatte den Vertrag mehrere Jahre getreulich erfüllt und seinen Freund an verschiedene Orte, zuletzt nach München begleitet. Als jedoch A. seinen Wohnsitz von hier nach Alexandrien verlegen will, erklärt ihm B., daß er ins Ausland nicht mitgehe. A. fordert die Konventionalstrafe und Rückzahlung der letzten im Voraus entrichteten Jahresrente.

58. A. hatte im Dienste des B. erhebliche Summen unterschlagen. Sein Gläubiger C. war daran interessirt, daß er auf freiem Fuße bliebe, und übernahm deshalb dem B. gegenüber für einen Theil der unterschlagenen Beträge Bürgschaft gegen die Verpflichtung B.'s den A. wegen der Unterschlagung nicht anzuzeigen. Aus der Bürgschaft belangt beantragt er Abweisung der Klage, weil die Bürgschaft zum mindesten gegen die guten Sitten verstoße und deshalb nichtig sei.

59. A. hatte den B. bei einem Diebstahl im Hause des C. ertappt und sich für sein Schweigen einen von B. acceptirten Wechsel von 100 M. geben lassen. Der auf Zahlung verklagte B. macht Nichtigkeit des Rechtsgeschäfts geltend.

60. Die A., ein älteres Fräulein, hat mit dem Stifte B. einen sogenannten Verpfründungsvertrag unter Wahrung der im § 2276 B.-G.-B. vorgeschriebenen Form geschlossen, inhalts dessen sie das Stift zum Erben einsetzt gegen die Verpflichtung sie bis an ihr Lebensende in der Stiftsanstalt zu verpflegen. Das Stift hat die übernommene Verbindlichkeit erfüllt. Es stellt sich jedoch heraus, daß der Vertrag nichtig gewesen ist, weil das Stift bei seinem Abschluß nicht gehörig vertreten war. Deshalb klagt die einzige intestaterbberechtigte Nichte der A. gegen das Stift auf Anerkennung ihrer Erbberechtigung, wogegen das Stift geltend macht, daß der Vertrag als Testament aufrecht erhalten werden müsse.

61. A. in X. beantragt brieflich am 1. April bei der Feuerversicherungsgesellschaft B. in Y. unter Ausfüllung eines vorgeschriebenen Exemplars Versicherung seines Waarenlagers gegen Feuersgefahr. Am 10. April schreibt ihm die Gesellschaft, daß sie seinen Antrag angenommen habe. A. erhält das Schreiben am 12. April Mittags. Tags zuvor war ein Brand in seinem Lager entstanden. Kann er Entschädigung fordern?

62. A. versendet Circulare, in denen er zur Bestellung auf ein von ihm für den Mai nächsten Jahres angekündigtes Hotel-Adreßbuch auffordert. B. bestellt ein Exemplar, wartet aber vergeblich auf Antwort. Als ihm Anfang Mai das Adreßbuch übersandt wird, verweigert er die Annahme, weil A. die Bestellung nicht ihm gegenüber angenommen habe. A. klagt auf Zahlung des Preises.

63. Bei einer im Wege der Zwangsvollstreckung vorgenommenen öffentlichen Versteigerung ersteht A. ein dem Schuldner B. gehöriges Pferd und bezahlt den Kaufpreis. Der Gerichtsvollzieher weigert sich aber, es ihm herauszugeben. Worauf und gegen wen hat A. einen Anspruch?

64. Der Auszügler A. hat außer freier Verpflegung auch Wohnung, bestehend in zwei Giebelstuben, zu beanspruchen. Das Haus des Verpflichteten B. brennt ab. Er baut es wieder auf, jedoch ohne Stuben im Giebel einzurichten. A. belangt ihn auf Einräumung zweier Stuben. B. bittet um Abweisung mit der Begründung, daß der Altentheil durch das Abbrennen des alten Hauses erloschen sei und daß das neue Haus keine Giebelstuben habe.

65. Der Fahrradfabrikant A. hat dem B. ein Fahrrad verkauft und sich dabei verpflichtet, das Rad auf ein Jahr gegen Diebstahl und Feuersgefahr zu versichern. Er thut dies bei einer Gesellschaft auf Gegenseitigkeit und zahlt den geforderten Jahresbeitrag. Nach Ablauf des Jahres zieht die Gesellschaft von B. einen Nachschuß von 15 M. ein, den dieser nunmehr von A. unter Berufung auf die Abrede erstattet verlangt. A. macht geltend, daß die Auswahl der Versicherungsgesellschaft in seinem Belieben gestanden und daß er seiner Verpflichtung durch Zahlung des Jahresbeitrags genügt habe.

66. A. klagt gegen B. auf Zahlung des Kaufpreises für eine ihm gelieferte Maschine.

α) B. sagt: ich habe beim Kaufe verabredet, daß ich nach einjähriger, noch nicht abgelaufener Probezeit solle erklären dürfen, ob ich die Maschine kaufen wolle oder nicht.

β) B. sagt: ich habe beim Kaufe verabredet, daß ich die Maschine zurückgeben dürfe, wenn ich binnen Jahresfrist finden sollte, daß sie mir nicht genügt.

In beiden Fällen haben sich die Parteien für ihre Behauptungen der Eideszuschiebung bedient. Wie ist zu erkennen?

67. A. verkauft seine Villa dem B. unter der Bedingung, daß dieser binnen Jahresfrist die C. heirathe. Die C. giebt ihm jedoch einen Korb und verheirathet sich bald darauf mit dem D. B. tröstet sich rasch und ehelicht noch vor Ablauf der Frist die E. Er verlangt nunmehr von A. die Auflassung des Grundstückes, da er fristgemäß geheirathet habe; daß die E. und nicht die C. seine Frau geworden, sei gleichgiltig und berühre keinesfalls den A.

68. A. verspricht dem als geizig und eitel bekannten Stadtverordneten B. 1000 M., um ihn zu verhöhnen, unter der Bedingung, daß er am nächsten Neujahrstage um die Mittagsstunde mit einem Damenhute auf dem Kopfe zum Bürgermeister gratuliren geht; B. nimmt das Versprechen an. Ist es giltig? Welche Rechtsfolgen treten ein, je nachdem B. die Bedingung erfüllt oder nicht? Wie stände es um ein unter der angegebenen Bedingung hinterlassenes Vermächtniß?

69. A. hat seinen Jagdhund dem Forstreferendar B. unter der Bedingung für 80 M. verkauft und übergeben, daß dieser binnen Jahresfrist das Assessorexamen bestehe. Schon nach wenigen Wochen läuft der Hund, dem B. in seiner Examensnoth nicht die genügende Aufmerksamkeit gewidmet hatte, dem A. wieder zu. Eine an B. gerichtete briefliche Mittheilung A.'s kommt als unbestellbar zurück. A. verkauft demnächst den Hund *α)* innerhalb der Frist, *β)* nach Ablauf der Frist an den Förster C. Dort findet ihn nach einem weiteren Jahre der zum Besuche anwesende B. und nimmt ihn, da er fristgemäß das Examen bestanden hat, als sein Eigenthum in Anspruch. Muß C. den Hund herausgeben?

70. A. miethet im April 1900 von B. ein Geschäftslokal zum Restaurationsbetriebe vom 1. Januar 1901 bis dahin 1906. Schon im

Mai bietet sich ihm eine andere Gelegenheit zu einer gesicherten Lebensstellung; er tritt als Sozius in eine Brauerei ein. Deshalb will er vom Miethsvertrage loskommen und hintertreibt nun die Ertheilung der polizeilichen Konzession. Im Dezember wird ihm der endgiltige Bescheid, daß er die Konzession nicht erhalten könne. Er macht davon unverzüglich dem B. Mittheilung mit dem Hinzufügen, daß er das Lokal nicht beziehen werde und dem B. seine anderweitige Vermiethung anheimstelle. B. erwidert hierauf nichts, sondern klagt die erste Quartalsmiethe ein.

71. A. war auf Lebenszeit als Förster engagirt mit der Abrede, daß sein Gehalt nach zehnjähriger nützlicher Dienstzeit um 600 M. steigen sollte. Vor Ablauf der 10 Jahre wurde er grundlos auf Dienstentlassung verklagt und während des drei Jahre dauernden Prozesses suspendirt. Die Klage wurde abgewiesen. Nach Ablauf der 10 Jahre beanspruchte A. die Zulage. Es wurde eingewendet, daß er während seiner Suspension keine nützlichen Dienste geleistet habe.

72. Den Inhabern von Prioritätsaktien einer Privatbahn war im Gesellschaftsvertrage zugesichert, daß sie eine bestimmte Dividende im Voraus erhalten sollten, falls sie fünf Jahre lang keine Dividende bezögen. Nach drei Jahren wird die Bahn vom Staate unter Uebernahme sämmtlicher Rechte und Pflichten angekauft. Zwei Jahre darauf verlangen die Aktionäre, die bis dahin nichts erhalten haben, vom Staate die Vorzugsdividende. Dieser weigert sich mit der Begründung, daß die bisherige Nichtzahlung der Dividende von ihm nicht verschuldet worden sei.

73. *α*) A. klagt gegen B. auf Zahlung von 100 M. Kaufpreis für gelieferte Cigarren. B. wendet ein, er habe die Cigarren mit 9 Monaten Ziel gekauft. *β*) A. klagt gegen B. auf Zahlung einer ihm vermachten Jahresrente von 1000 M. für das Jahr 1901. B. wendet ein, daß er dazu nicht verpflichtet sei, weil das Vermächtniß ihn nur bis zum Jahre 1900 belaste. Ueber die beiderseitigen Anführungen wird der Eid zugeschoben. Für wen ist er zu normiren? (Aus Stölzel, Schulung für die civilistische Praxis, 3. Aufl., S. 133 ff.)

74. Der Zeitungsunternehmer A. hat sich dadurch Abonnenten zu verschaffen gewußt, daß er erklärte, jeder seiner Abonnenten werde von ihm in Höhe von 1000 M. bei einer Unfallversicherungsgesellschaft gegen einen im Geschäftsbetrieb erlittenen körperlichen Unfall versichert. Im Todesfalle sollten die Kinder den Betrag erhalten. Zur Bedingung war gemacht, daß der Anspruch binnen einer Woche nach dem Unfalle bei ihm angemeldet, und, falls er ihn nicht anerkenne, binnen weiteren vier Wochen im Wege der Klage geltend gemacht werde. Der Barbiergehilfe B., der auf die Zeitung abonnirt war, schnitt sich am 1. Mai beim Rasiren eines Kunden in den Finger und verstarb noch am selben Tage an einer Blutvergiftung. Auf die fristgemäße Zahlungsaufforderung seines 22 jährigen Sohnes C. erwidert A., C. möge klagen. C. bemüht sich alsbald um ein Armuthszeugniß; ehe er es jedoch erhält und ihm vom Gerichte das Armenrecht bewilligt ist, sind mehr als 5 Wochen verstrichen. Die Klage auf Zahlung der 1000 M. wird dem A. am 20. Juni zugestellt. Dieser begehrt Abweisung, weil sie nicht innerhalb der vorgeschriebenen Frist erhoben sei. C. weist demgegenüber darauf hin, daß ihn keine Schuld an der Nichtbeobachtung der Frist treffe und daß A. wider Treu und Glauben verstoße, wenn er dessenungeachtet Versäumung der Frist vorschütze.

75. Die Wirthschafterin A. kauft für ihren Herrn B. einen ihr als echt bezeichneten goldenen Becher und bezahlt ihn, ohne irgendwie zu erkennen zu geben, daß sie im Auftrage und für Rechnung von B. handele. Nach Hause gekommen übergiebt sie den Becher dem A., der ihn sofort als nur vergoldet erkennt und deshalb den Kauf rückgängig machen will. Er fragt, ob er hierzu aktiv legitimirt sei oder ob er einer Cession des Anspruchs von seiner Wirthschafterin bedürfe.

76. A. hat mit dem Gastwirthe B. vereinbart, daß dieser A.'s kranken selbstständigen Neffen gegen eine bestimmte monatliche Vergütung bei sich aufnehme und verpflege. Der Neffe ist aufgenommen, verpflegt und nach einigen Monaten gestorben. B. klagt gegen A. auf Zahlung des rückständigen Entgelts. A. wendet ein, daß er nicht für seine Person, sondern in Vertretung seines Neffen kontrahirt habe. Der Kläger schiebt dem Beklagten den Eid darüber zu, daß dieser den Vertrag in eigenem Namen geschlossen hatte; der Beklagte hingegen schiebt dem Kläger den Eid darüber zu, daß er nur im Namen seines Neffen kontrahirt habe.

77. A. betreibt das Tapezierergewerbe auf den Namen seiner Ehefrau als deren Gehilfe und Vertreter. B., der von diesem Vertretungsverhältniß keine Kenntniß hat, bestellt bei dem A. verschiedene Tapeziererarbeiten. A. führt sie aus, B. bezahlt aber nicht. Als ihn die A. auf Bezahlung verklagt, bestreitet er ihre Aktivlegitimation, weil er mit ihr nicht kontrahirt habe noch habe kontrahiren wollen.

78. In die Wechselstube eines großen Bankhauses tritt ein Fremder von zwar elegantem, aber zweifelhaftem Aussehen und fragt den darin anwesenden Kommis A., ob er 50000 M. Aktien, die er eben aus einer Nachlaßmasse erhalten habe, versilbern könne. A. ist zwar befremdet über die eigenthümliche Hast des Unbekannten, kauft aber die Aktien und zahlt ihm den Kaufpreis aus. Tags darauf stellt es sich heraus, daß die Aktien gestohlen und offenbar von dem Diebe selbst verkauft worden waren. Der Prinzipal wird von dem Eigenthümer der Aktien auf ihre Herausgabe in Anspruch genommen und fragt, ob er nicht jedenfalls dadurch geschützt sei, daß er seinen Angestellten ein für allemal verboten habe, größere Posten Inhaberpapiere von unbekannten Personen zu kaufen. —

Wie, wenn der Veräußerer ein in der Stadt bekannter, vornehmer Herr gewesen ist, der Prinzipal aber gewußt hätte, daß die Aktien von einem Dritten gestohlen waren, und er deshalb seinen gutgläubigen Kommis mit dem Ankaufe beauftragt hat?

79. Aus 2 vom Aussteller an eigene Order auf seine Ehefrau gezogenen, in Generalvollmacht derselben acceptirten, begebenen, bei Verfall nicht eingelösten und protestirten Wechseln wurde von dem letzten Wechselinhaber gegen die Acceptantin auf Zahlung geklagt. Diese beantragte Klageabweisung. Sie wandte ein, daß das Accept rechtsunwirksam sei, weil 1) der Vertreter durch seine eigene Willenserklärung im Namen des Machtgebers sich seinen Machtgeber nicht verbindlich machen könne und 2) das kollidirende Interesse bei solchem Wechselzuge und solchem Accepte abstrakt mit Nothwendigkeit gegeben und jedem Dritten derart erkennbar sei, daß auch der Dritte aus solchem Accepte Rechte nicht herleiten könne.

80. Der minderjährige Student A. leistet dem Wirthe B. Bürgschaft für die von seinem Freunde C. während des Wintersemesters eingegangenen Zechschulden. Auf die Aufforderung B.'s genehmigt ihm gegenüber im nächstfolgenden Semester der Vormund A.'s die Bürgschaft. Als A. nach Erlangung der Großjährigkeit von B. aus der Bürgschaft in Anspruch genommen wird, macht er geltend, daß die Genehmigung des Vormunds jeder Bedeutung ermangele, weil sie erst nach Ablauf der Zeit, für welche er sich verbürgt habe, ertheilt worden sei. Demgegenüber weist B. darauf hin, daß er den Vormund vor Schluß des Wintersemesters zur Erklärung über die Genehmigung aufgefordert habe.

81. In M. bestanden zwei eingetragene Genossenschaften, deren Vorstände aus denselben Personen zusammengesetzt waren. Diese leisteten für beide

Genossenschaften die vorkommenden Zahlungen, je nachdem Geldmittel in der Kasse der einen oder der anderen Genossenschaft flüssig waren, bald aus dieser, bald aus jener. Von Zeit zu Zeit rechneten sie darüber ab und trugen das Ergebniß der Abrechnung unter dem Datum derselben in die beiderseitigen Handelsbücher als baar empfangen oder gezahlt ein, ohne die einzelnen Posten, auf welche die Abrechnung sich erstreckte, anzugeben. Nachdem die eine Genossenschaft in Konkurs verfallen war, meldete die andere eine Forderung gegen sie auf Grund eines Contobuchauszuges an, ohne die den Abrechnungen zu Grunde liegenden Posten anzugeben. Der Klage auf Feststellung dieser im Konkurse bestrittenen Forderung wurde der Einwand entgegengestellt, daß im vorliegenden Falle der Aufrechnung und dem durch sie gewonnenen Ergebnisse die Wirkung eines Schuldbekenntnisses um deswillen nicht zukommen könnte, weil beide Genossenschaften durch dieselben Personen vertreten wären und letztere nicht zugleich durch Anerkenntnisse sich verpflichten und durch dieselben Anerkenntnisse Rechte erwerben könnten. Ist dieser Einwand begründet?

82. Die beklagte Aktiengesellschaft hatte vier Liquidatoren, einer derselben war der Kläger. Zur Uebernahme von Verpflichtungen war die Mitwirkung von zwei Liquidatoren erforderlich und genügend. Der Kläger zog, um mittels seines persönlichen Kredits der liquidirenden Gesellschaft Geld zuzuführen, Wechsel auf sie im eigenen Namen und an eigene Order, welche von ihm und einem Mitliquidator S. im Namen der Gesellschaft acceptirt wurden. Als der in Umlauf gesetzte Wechsel auf ihn zurückkam, klagte er gegen die Gesellschaft als Acceptantin. Es wurde eingewendet, daß die Acceptationserklärung, welche der Unterzeichnung durch zwei Liquidatoren bedurfte, nur von dem Kläger und dem Mitliquidator S. unterzeichnet sei, Kläger aber wegen seines mit dem Interesse der Beklagten kollidirenden persönlichen Interesses nicht im Stande gewesen sei, den von ihm selbst gezogenen Wechsel im Namen der Beklagten als deren Vertreter zu acceptiren.

83. Die A. ist am 1. Januar 1890 Vorm. 10 Uhr geboren. In welchem Augenblicke wird sie geschäftsfähig? testirfähig? ehemündig? volljährig? Wann müssen ihre Eltern spätestens die Ehe geschlossen haben, damit sie ein eheliches Kind ist?

84. Die Domkirchengemeinde in A. macht als Eigenthümerin Anspruch auf Herausgabe des neben der Domkirche belegenen Platzes gegen die Stadtgemeinde in A., welche ihn seit länger als 30 Jahren besitzt und seit etwa 10 Jahren im Grundbuch als Eigenthümerin eingetragen ist. Auf den Einwand, daß die Klage durch Nichtgebrauch erloschen sei, erwidert die Klägerin, daß das B.G.B. die erlöschende Verjährung ohne gleichzeitige Erwerbung des Eigenthums durch den Besitzer nicht kenne.

85. Der Gastwirth A. hat dem bei ihm eingekehrten Handlungsreisenden B. ein Darlehn gegeben, dessen B. bedurfte, um die nothwendig gewordene Ausbesserung seiner Reisekoffer zu bezahlen. Vier Jahre später verklagt A. den B. auf Rückzahlung des Darlehns. Dieser stellt den Einwand der Verjährung entgegen.

86. Ein Thierbändiger klagt gegen den Menageriebesitzer, bei dem er zur Zähmung, Abrichtung und Vorführung großer Raubthiere angestellt gewesen war, rückständige Gage ein. Der Beklagte wendet unter Berufung auf § 196 Nr. 9 B.G.B. Verjährung ein.

87. Der Instmann A. ist am 9. März 1900 durch einen vom Beklagten abgefeuerten Schuß verletzt worden und in Folge dieser Verletzung am nächsten Tage gestorben. Seine Wittwe und seine Kinder verlangen Schadensersatz von dem Beklagten mit der Behauptung, daß er die Tödtung beabsichtigt, mindestens aber durch grobes Versehen verschuldet habe. Durch die Beweisaufnahme ist festgestellt, daß der Beklagte den Schuß abgefeuert hat, weil er über die von A. erlittenen Mißhandlungen bestürzt war und von ihm und seinen Begleitern weitere Angriffe befürchtete. Mit Rücksicht hierauf bittet der Beklagte um Abweisung der Klage.

88. Das dem Beklagten gehörige, von dem Kapitän X. geführte Schiff Fortuna war auf einer Reise nach Hamburg bei eintretender Dunkelheit in der Nähe des äußersten Feuerschiffes der Elbmündung zu Anker gegangen. Nachdem es dann einen Lotsen erhalten, wurde am folgenden Morgen der Anker wieder gelichtet, um die Reise fortzusetzen. Hierbei zeigte sich aber, daß sich um den Arm des nur mit großer Anstrengung aufgewundenen Ankers ein Drahtseil verschlungen hatte, welches sich später als identisch mit dem der Klägerin gehörigen, zur Verbindung des Festlandes mit Helgoland dienenden Telegraphenkabel herausgestellt hat. Da der Versuch, den Anker von dem Drahtseile zu befreien, nicht gelang, ließ X. das Seil, welches er als zu einem Schiffswrack gehörig angesehen und nicht als Telegraphenkabel erkannt haben will, abhauen, obwohl ihm der Lotse gesagt hatte, daß in jener Gegend ein solches Kabel liege. Die

Klägerin verlangt nun von dem Beklagten als Rheder des Schiffes Ersatz des ihr hierdurch erwachsenen Schadens.

89. In einer kleinen Stadt bricht aus einer Menagerie ein Löwe aus und läuft schnurstracks auf den um die Mittagszeit völlig menschenleeren Marktplatz, wo er sich am Brunnen sonnt. Der Lieutenant A. beobachtet den Vorfall aus seiner eine Treppe hoch belegenen Wohnung und erfreut, einen Löwen schießen zu können, legt er auf ihn an und tödtet ihn, obschon er bemerkt hatte, daß Leute aus der Menagerie sich aufmachten, um sich des Löwen wiederum zu bemächtigen. Die Kugel war durch den Löwen hindurch gegangen und hatte bei ihrem Austritt den Brunnen beschädigt.

Muß der Schütze Ersatz leisten *α)* dem Menageriebesitzer für den Löwen, *β)* der Stadtgemeinde wegen der Beschädigung des Brunnens?

Der Brunnen war der Stadt von einem reichen Mitbürger geschenkt worden und hatte an der Vorderseite ein kostbares Marmorrelief, das durch die Kugel völlig zerstört ist. A. meint, daß für die Verhältnisse der Stadt und im Hinblick auf die sonstige Umgebung des Brunnens eine einfache Mauerwand angemessen wäre und daß er höchstens deren Werth zu ersetzen angehalten werden könnte.

90. A., ein Gläubiger B's, nimmt diesem, um sich wegen einer fälligen Darlehnsforderung zu befriedigen, bei einem Mahnbesuche ein auf dem Tische liegendes Sparkassenbuch heimlich weg, geht damit auf die Sparkasse und erhebt dort das zur Tilgung des Darlehns noch nicht einmal ausreichende Sparkassenguthaben. B. bemerkt alsbald nach A.'s Weggange den Verlust des Buches, läuft nichts Gutes ahnend dem A. nach und begegnet diesem, wie er gerade die Treppe der Sparkasse herabkommt. Triumphirend klopft A. auf seine Hosentaschen. Dadurch gereizt stürzt sich B. auf ihn, entreißt ihm gewaltsam das Geld, beschädigt dabei vollständig das Beinkleid A.'s, fällt aber zufolge einer abwehrenden Bewegung seines Gegners so unglücklich auf eine Treppenstufe, daß er mehrere Wochen bettlägerig wird. Wie er die Heilungskosten und Schadensersatz verlangt, lehnt A. mit dem Hinweise darauf, daß er der Angegriffene gewesen sei, nicht nur jede Zahlung ab, sondern fordert seinerseits Erstattung des Werthes des beschädigten Beinkleides.

91. A. betritt bei dem Brande seines Hauses das Grundstück seines Nachbars B. und vernichtet dort ein Beet mit seltenen Pflanzen, um der

Feuerwehr einen geeigneten Angriffspunkt auf sein Haus zu gewähren. Von B. auf Schadensersatz belangt, wendet A. ein, daß er im Nothstande eventuell in erlaubter Selbsthülfe gehandelt habe.

Zweites Buch.

Recht der Schuldverhältnisse.

92. Ein Amtsrichter schließt mit seinem Flurnachbarn, einem Musiklehrer, einen Vertrag, wonach dieser sich verpflichtet, gegen eine alsbald gezahlte Entschädigung von 100 M. in den Monaten October bis März nach 7 Uhr Abends keinen Musikunterricht in seiner Wohnung zu ertheilen. Im November geht zum Entsetzen des Amtsrichters das Musiziren in den Abendstunden wieder los. Wie ist dem Amtsrichter zu helfen? Kann der Musiker einwenden, daß er nicht unterrichte, sondern mit seinem Freunde, einem Turnlehrer, der freilich noch nicht weit vorgeschritten sei, vierhändig spiele?

93. A. in Stuttgart gewinnt in der Lotterie der Berliner Gewerbeausstellung 2 Fenster Gardinen, die nach der Gewinnliste einen Werth von 200 M. haben sollen. Er beauftragt den Spediteur B. ihm den Gewinn zu übersenden. Die Sendung geht durch B.'s Schuld verloren. Auf die Nachricht hiervon kauft B. bei dem Fabrikanten X., der die Gardinen für die Lotterie geliefert hatte, 1 Fenster Gardinen von gleicher Qualität, wie die verloren gegangenen, und übersendet es dem A. Dieser verweigert die Annahme und klagt auf 200 M. Schadensersatz. B. bittet um Abweisung der Klage. Er erklärt sich bereit dem A. außer dem vergeblich angebotenen einen Fenster Gardinen noch ein zweites zu senden, das er sich gleichfalls bei X. beschaffen werde.

94. Ein Fleischerhund beißt die an und für sich werthlose Lieblingskatze einer alten Jungfer todt. Diese verlangt von dem Eigenthümer des Hundes 100 M. Schadensersatz. Ist es von Einfluß, ob der Hund von seinem Herrn auf die Katze gehetzt worden ist oder nicht?

95. Der sechsjährige Sohn des Klägers spielte auf der an einem Bahndamm gelegenen Wiese und betrat diesen in einem Augenblicke, wo ein Zug vorübersauste. Er wurde dabei von dem Trittbrett eines Wagens erfaßt und fiel so unglücklich zu Boden, daß er das Bein brach und es durch eine nothwendige Amputation schließlich einbüßte. Der Kläger verlangt Ersatz der Kosten, der Heilung und des Vermögensnachtheils, der durch die dauernd geminderte Erwerbsfähigkeit und eingetretene Vermehrung der Bedürfnisse des Verletzten diesem verursacht worden ist. Die Bahnverwaltung wendet ein, daß der Verletzte lediglich durch sein eigenes Verschulden zu Schaden gekommen sei; eventuell treffe den Kläger ein Verschulden, daß er ein so kleines Kind ohne jede Aufsicht an einem gefährlichen Orte gelassen habe.

96. A. versetzt am 1. März eine unechte Uhrkette bei dem Pfandleiher B. als echte und erhält von ihm darauf ein Darlehn von 35 M. Den Pfandschein, in dem B. die Kette als golden bezeichnet und auf 45 M. taxirt hat, verkauft A. am 5. März bei dem Pfandleiher C. für 5 M. C. erfährt am 12. März durch einen Kriminalbeamten, daß die von A. versetzte Kette unecht ist. Dessenungeachtet entschließt er sich, weil sie nach dem Pfandschein von Gold sein sollte, sie einzulösen und zahlt am 31. März dem inzwischen von der Werthlosigkeit der Kette unterrichteten B. das Darlehn nebst Zinsen, insgesammt 36,30 M., zurück. B. giebt ihm aber versehentlich nicht die von A., sondern eine von X. versetzte goldene Kette, ohne bei der Auslösung dem C. von der Unechtheit und dem geringen Werthe der ersteren Kette etwas zu sagen. C. verkauft die ihm von B eingehändigte Kette im April für 62 M. an D. Von ihm ersteht sie wiederum A. für 65 M., um sie dem Eigenthümer X. zurück geben zu können. A. fordert nunmehr von B. 65 M. nebst Zinsen seit dem Tage der Aufforderung mit der Behauptung, B. habe seinen, A's., Irrthum schon bei der Herausgabe der Kette bemerkt, eventuell habe er vor ihrer Veräußerung an D. erkannt, daß ihm von B. eine echte Kette gegeben worden ist. B. erwidert, daß er weder damals noch zur Zeit des Verkaufs an D. den angeblichen Irrthum des Klägers gekannt habe.

97. Die Klägerin A. hat ihre Geldsendungen mittels Postanweisungen bewirkt, auf die sie bei dem Kaiserlichen Postamte 61 in Berlin die betreffenden Beträge gegen Bescheinigung in das ihr vom Postamt ausgehändigte Posteinlieferungsbuch eingezahlt hat. Das Buch bezeichnet sich auf dem Titelblatte als „Posteinlieferungsbuch über die von der Firma A. zur Post eingelieferten Werth- und Einschreibesendungen, sowie Post-

anweisungen und Postnachnahmesendungen." Darunter steht die Bescheinigung des Postamts: „Dieses Buch ist der genannten Firma zur Benutzung ausgehändigt am 2. Januar 1900. Es besteht aus 50 mit laufenden Ziffern bezeichneten Seiten."

Der von der Klägerin mit der Einzahlung des Geldes beauftragte Buchhalter B. hat in wiederholten Fällen den ihn abfertigenden Postbeamten X., Y. und Z. Postanweisungen vorgelegt, die anstatt mit der im Posteinlieferungsbuch angegebenen Adresse mit seiner eigenen Adresse oder mit einer Deckadresse versehen waren. Die auf die untergeschobenen Postanweisungen eingezahlten Beträge hat demnächst B. selbst erhoben. In dieser Weise ist der Klägerin ein Schaden von 2157 M. entstanden, dessen Erstattung sie von B. nicht erlangen kann. Sie klagt deshalb gegen X., Y. und Z., und zwar gegen einen jeden von ihnen wegen Ersatzes eines Theiles der Verlustsumme, sowie gegen den Reichs-Postfiskus wegen Ersatzes der ganzen Summe.

Der Klage wird der Einwand entgegengestellt, daß eine die Ersatzpflicht der Beklagten ausschließende Mitverschuldung der Klägerin vorliege. Sie habe für das dolose Verhalten ihres Buchhalters B., der die mit ihm kontrahirenden Postbeamten wissentlich getäuscht habe, einzustehen. Die gegentheilige Auffassung würde dahin führen, daß der wissentlich und vorsätzlich veranlaßte Irrthum beim Vertragsabschluß rechtserzeugend wäre.

Demgegenüber weist die Klägerin auf § 6 Abs. 4 des Postgesetzes vom 28. October 1871 hin, wonach die Postverwaltung für die auf die Postanweisungen eingezahlten Beträge Garantie leistet, und macht geltend, daß durch die Eintragungen in das Posteinlieferungsbuch ihrerseits klar der Wille ausgedrückt worden sei, an wen die Absendung und die Ablieferung des Geldes erfolgen solle.

98. A. hat dem B. 200 Liter Apfelwein oder Spiritus verkauft und zwar nach seiner, des A., Wahl. A. hat sich für den Wein entschieden und dies dem B. erklärt, will aber nunmehr den Spiritus liefern. Ist er hierzu befugt?

A. übt das Wahlrecht nicht aus. Auf Klage des B. wird er zur Zahlung des Kaufpreises gegen Empfangnahme von 200 Litern Apfelwein oder Spiritus verurtheilt. Trotzdem wählt er nicht. Darf nun B. das Wahlrecht ausüben?

Wenn Gegenstand des Kaufes eine Kuh oder ein Pferd wäre, und die Kuh krepirte bald darauf, muß der Käufer das Pferd annehmen?

99. A. hat sich dem B. gegenüber im November 1900 verpflichtet, ihm am 2. Januar 1901 käuflich für 1000 M. entweder sein Wagenpferd oder seine 2 Kühe zu überlassen. Im Dezember 1900 krepirt das Pferd bei einem Brandunglück.

Als B. nunmehr im Januar 1901 auf Ueberlassung der beiden Kühe gegen Zahlung von 1000 M. klagt, wendet A. ein, er habe ihm das Pferd leisten wollen, wofür er Beweis antritt, und beantragt Abweisung des Klägers, indem er besonders hervorhebt, daß er durch den unverschuldeten Untergang des Pferdes seines Wahlrechts beraubt werde.

100. A. hat sich vertraglich verpflichtet, dem B. am 1. Juli 500 Sack Kartoffeln zum marktgängigen Preise zu liefern. Er liefert ihm an diesem Tage aber nur 200 Sack. Muß sich B. das gefallen lassen?

Würde es einen Unterschied machen, wenn zwischen den Parteien der Inhalt des Vertrages streitig wäre und A. anerkennte, zu einer Lieferung von 200 Sack, aber nicht zu mehr verpflichtet zu sein?

101. A. hat dem B. ein zu 5% verzinsbares Darlehn von 1000 M. gegeben, rückzahlbar am 1. Januar 1901. B. zahlt an diesem Tage nur 700 M. Am 1. October 1901 erhebt daher A. Klage mit dem Antrage, den B. zur Zahlung von 300 M. nebst 5% Zinsen von 1000 M. seit dem 1. Januar 1901 zu verurtheilen. B. erkennt den Anspruch nur in Höhe von 300 M. nebst entsprechenden Zinsen an. Wie ist zu erkennen?

102. A. engagirt den berühmten Landschaftsmaler B., damit er ihm die Wanddekoration seines Speisesaales male. Darf B. diese Arbeit durch den Maler C. ausführen lassen?

103. Der in X. wohnhafte A. hatte dem in Y. wohnenden B. Waaren auf Bestellung zugeschickt, B. hatte sie ihm zur Verfügung gestellt. Dessenungeachtet klagt A. bei dem Amtsgerichte in X. auf Zahlung des Kaufpreises und begründet den Gerichtsstand damit, daß B. dorthin nach § 270 B.G.B. den Kaufpreis zu übermitteln habe. B. bittet um Abweisung der Klage, weil er nur in Y. zu erfüllen brauche und daher das Amtsgericht dieses Ortes für ihn zuständig sei.

104. A. hat seinem Prozeßbevollmächtigten, dem Rechtsanwalte B., zwecks Einklagung einen Schuldschein übergeben, den dieser zu seinen Handakten genommen hat. Sechs Jahre nach Beendigung dieses Prozesses klagt A. gegen B. auf Herausgabe des Schuldscheins. B. macht sein Zurückbehaltungsrecht an den Handakten geltend, weil er wegen seiner Auslagen und Gebühren in jenem Prozeß noch nicht befriedigt ist. A. erwidert darauf, daß das Zurückbehaltungsrecht erloschen sei, da der Anspruch des B. nach § 196 Nr. 15 B.G.B. längst verjährt sei.

105. Ein Dienstmädchen gleitet auf dem Wege zur Küche aus und zerbricht dabei das von ihr getragene Kaffeeservice, welches sie in der Wohnstube abgeräumt hatte. Der Dienstherr verlangt Ersatz. Das Dienstmädchen wendet ein, sie sei über einen glatten Pflaumenkern gestolpert, den die ihr vorangehende zehnjährige Tochter des Dienstherrn aus Versehen hätte fallen lassen. Muß der Dienstherr beweisen, daß das Dienstmädchen fahrlässig gehandelt hat?

106. A. hatte den B., welcher gewerbsmäßig die Vermittelung von Handelsgeschäften betreibt, beauftragt, eine Schiffsladung Mais in X. zu verkaufen. B. hatte sich bei dem Verkaufe eines Kaufmanns C. in X. als Vermittlers bedient. C. hatte dem Käufer Bedingungen aufgegeben, die mit den ihm (C.), dem Auftrage A.'s gemäß, durch B. mitgetheilten nicht übereinstimmten. In Folge hiervon zerschlug sich das Geschäft. A. fordert nunmehr Ersatz seines Schadens von B. mit der Begründung, daß er für das Verschulden seines Vertreters in X. einzustehen habe. Ist der Anspruch gerechtfertigt?

107. A. in Antwerpen versendet die für B. in Valparaiso bestimmte Ladung Zucker statt, wie vereinbart, mit dem am 18. Dezember 1900 abgegangenen Segler X. auf dem erst am 7. Januar 1901 abgegangenen Schnellsegler Y. X. geht unterwegs mit der gesammten Ladung Mitte April zu Grunde, während Y. um diese Zeit in Valparaiso eintrifft. Der Preis des Zuckers ist inzwischen erheblich gesunken. B. verlangt von A. die Differenz des Preises, zu dem der Zucker bei der Ankunft verkäuflich gewesen ist, und der Versicherungssumme, die er erhalten hätte, wenn A. vertragsmäßig auf X. verladen haben würde.

108. Die lahme Rentiere A. bestellt bei dem Transportunternehmer B. für den 1. Juli Mittags 1 Uhr einen Möbelwagen zwecks Transports ihrer Möbel nach der Sommerwohnung in Schlachtensee. B. hat ihr den Möbelwagen für 1 Uhr zugesagt, kommt jedoch mit ihm erst um 6 Uhr an. Schon um 3 Uhr hatte die A. sich an den Transportunternehmer C. gewendet und diesem den Transport für den anderen Morgen um 7 Uhr übertragen. Sie verlangt von B. folgenden Schadenersatz: Sie hatte sich eine Droschke nach Schlachtensee für den Nachmittag bestellt, die sie nicht benutzen konnte und wofür sie den Kutscher mit 6 M. entschädigen mußte. Sie war weiter verpflichtet, der Reinmachefrau, die sie für den Nachmittag in Schlachtensee angenommen hatte, 2 M. zu vergüten. Sie war endlich dadurch, daß sie die Nacht in Berlin verbringen mußte, genöthigt, in ein Hotel zu gehen und dort Nachtquartier für sich und ihre Begleiterin mit 12 M. und Frühstück mit 3 M. zu bezahlen, auch dem Kellner das übliche Trinkgeld von 1 M. zu geben.

109. A. in Frankfurt a. M. kauft von B. in Berlin 100 Kilo Butter, lieferbar Ende März. Er weigert Abnahme der ihm am 31. März nach Schluß des Geschäfts vom Spediteur zugestellten Butter. B. läßt sie darauf nach Berlin zurückgehen und verklagt hier den A. auf Abnahme der Butter, indem er ausführt, daß A. seiner Abnahmepflicht nunmehr in Berlin zu genügen habe und demgemäß das Berliner Gericht nach § 29 C.P.O. zuständig sei. B. bittet um Abweisung der Klage mit der Begründung, daß ein etwaiger Verzug niemals die Abänderung des Erfüllungsortes zur Folge haben könne.

110. Die beklagte Eisenbahngesellschaft hatte Prioritäts-Obligationen mit Zinsscheinen ausgegeben; diese trugen die Nummer der Hauptobligation, lauteten ohne ausdrückliche Bezeichnung, daß sie auf den Inhaber stünden, lediglich dahin: „Zinsschein über 20 M., zahlbar am . . ." und waren nicht unterschrieben. In den im Obligationstexte enthaltenen Bedingungen war gesagt, daß die Zinsscheine auf den Inhaber lauteten.

Der Kläger verlangt Bezahlung von 10 in seinen Händen befindlichen, am Verfalltage nicht bezahlten Zinsscheinen sammt Verzugszinsen seit dem Verfalltage, indem er geltend macht, daß der von der Hauptobligation gelöste Zinsschein bei seinem selbstständigen Umlaufe nicht mehr als Träger einer Zinsverbindlichkeit erachtet werden dürfe. Die Beklagte hält die Zinsforderung für ungerechtfertigt, weil der Zinsschein lediglich als Papier über eine Zinsverpflichtung gelten könne.

111. A. hat sein Milchgeschäft für 2000 M. dem B. mit der Abrede verkauft, daß die Uebergabe am 1. April stattfinden solle. Am 15. März theilt ihm B. brieflich mit, daß er sich inzwischen eines anderen besonnen und eine Restauration gepachtet habe, daß er daher das Milchgeschäft nicht übernehmen wolle. A. erhebt hiergegen sofort Widerspruch und schreibt dem B. insbesondere, daß er das Geschäft für seine, des B., Rechnung fortführen werde. Da B. sich am 1. April zur Uebernahme bei A. nicht einfindet und eine briefliche Aufforderung dazu unbeantwortet geblieben ist, klagt A. gegen ihn. Was kann er beanspruchen? Wie wird der Antrag lauten?

112. A. schuldet dem B. ein am 1. Februar 1901 rückzahlbares, zu 5 % verzinsliches Darlehn von 1000 M. Wie er sich an diesem Tage in B.'s Wohnung mit dem Geld einfindet, hört er von dem allein zurückgebliebenen Dienstmädchen, daß B. auf 4 Monate nach dem Süden gereist sei und wegen des Darlehns nichts hinterlassen habe. A. hinterlegt hierauf das Geld bei der Deutschen Bank unter Zusicherung von monatlich 2 % Zinsen. Wie B. zurückkehrt, verlangt er von A. nicht nur die hinterlegten 1000 M., sondern auch die aufgelaufenen Bankzinsen. B. beruft sich darauf, daß er Zinsen nicht zu entrichten habe, weil A. im Verzuge gewesen sei.

113. A. verkauft dem B. einen Tisch für 100 M. mit der Abrede, daß B. sich ihn innerhalb 8 Tagen abholen solle. B. verzögert indeß die Uebernahme trotz Aufforderung des A., und bei einer nach Ablauf der 8tägigen Frist im Hause des A. ausgebrochenen Feuersbrunst verbrennt auch der verkaufte Tisch. Dessenungeachtet klagt A. nunmehr den Kaufpreis ein. Mit Recht? Macht es einen Unterschied, wenn A. nach Ablauf der Frist eine Aufforderung zur Abholung an B. nicht hat ergehen lassen?

114. A. hat mündlich ein Grundstück an B., und dieser hat es mündlich an C. verkauft. Die Auflassung ist im Einverständniß sämmtlicher Vertragschließenden von A. unmittelbar an C. erfolgt. B. hatte sich gleichfalls mündlich verpflichtet, dem C. für die Kosten aufzukommen, falls die Polizeibehörde dem C. gegenüber die Ertheilung der Bauerlaubniß von der Anlegung eines Vorgartens abhängig machte. Nachdem die Polizeibehörde dem C. erklärt hatte, daß sie ihm die Bauerlaubniß nur ertheilen würde, wenn er einen Vorgarten anlegte, klagte er gegen B. auf Bezahlung der hierdurch veranlaßten Kosten. B. erachtet die Klage nicht für begründet. Er führt aus, daß es der von ihm übernommenen Verpflichtung an der Schriftform mangelte und daß dieser Mangel durch die Auflassung vorliegend nicht geheilt würde, weil A. an dem zwischen B. und C. geschlossenen Vertrage nicht betheiligt wäre; eine Heilung des Mangels trete nur ein, wenn die bei der Auflassung thätigen Personen mit den Vertragschließenden identisch seien. —

Ist anders zu entscheiden, wenn beide Kaufverträge notariell abgeschlossen waren, B. aber die Verpflichtung zur Kostentragung nur mündlich übernommen hatte?

115. A. schließt mit B. mündlich einen Vertrag dahin ab, daß er A. verpflichtet sein solle, dem B. eine Hypothek von 10000 M. gegen Zahlung von 3000 M., sowie Ueberlassung gewisser Mobilien und eines Grundstückes abzutreten. A. hat die Hypothek vertragsmäßig abgetreten, B. hat das Grundstück dem A. vor dem Grundbuchamte aufgelassen. Nunmehr wird B. von A. auf Zahlung der 3000 M. und Ueberlassung der Mobilien belangt. A. beantragt Abweisung, indem er sich auf die Ungiltigkeit des Vertrages wegen mangelnder Schriftform beruft.

116. A. hat dem B. 100 Scheffel Weizen verkauft und die Festsetzung des Kaufpreises B.'s billigem Ermessen überlassen. B. will für den Scheffel nur 1 M. zahlen. Muß A. damit zufrieden sein?

Konnte die Normirung des Preises auch in das billige Ermessen des Verkäufers oder eines Dritten gestellt werden?

117. A. will in dem Theaterraume des B. während der Zwischenpausen kinematographische Reklamebilder vorführen und schließt deshalb mit ihm einen Vertrag auf 6 Monate, inhalts dessen B. die Erlaubniß hierzu gegen eine monatliche Vergütung von 300 M. ertheilt und A. sich verpflichtet für die erforderliche polizeiliche Genehmigung Sorge zu tragen. A.'s Gesuch um Genehmigung der Vorführungen wird aus feuerpolizeilichen Gründen abschlägig beschieden; er theilt dies dem B. mit. B. verlangt dessen ungeachtet die verabredete Entschädigung. Auf den Einwand A.'s, daß die vertragswidrige Beschaffenheit der vermietheten Sache den ablehnenden Bescheid verschuldet habe, entgegnet er: hier sei von einem Miethsvertrage keine Rede und noch weniger von einem Verschulden auf seiner Seite, da die Beschaffung der polizeilichen Genehmigung allein dem A. obgelegen habe.

118. A. hat sich verpflichtet, dem B. am 1. April ein Darlehn von 100000 M. zu geben. Er macht das Geld für diesen Tag flüssig und bietet es dem B. an; B. verweigert die Annahme, weil er es nicht mehr brauche. Worauf kann A. Klage erheben?

119. A. hat sich verpflichtet, dem B. 15 Sack Mehl in 3 Raten von je 5 Sack am 1., 10. und 30. März gegen Baarzahlung zu liefern. Als er am 1. März mit 5 Sack bei B. vorfährt, um sie ihm abzuliefern, erklärt dieser, daß er heute nicht zahlen könne. A. fährt darauf mit dem Mehl wieder ab. Am 10. läßt er sich bei B. nicht sehen. B. schreibt ihm darauf am 11. März, daß er ihm zur Bewirkung der Leistung eine dreitägige Frist setze und die Annahme des Mehls mit dem Ablaufe der Frist ablehne. Dessen ungeachtet liefert A. nicht. Das Gleiche wiederholt sich am 30. und 31. März. B. verlangt hierauf Schadensersatz wegen Nichterfüllung. Ist er im Rechte?

120. A. hat ein während der ganzen Saison giltiges Abonnement auf Flußbäder bei B. für 10 M. genommen. Nachdem er in der ersten Woche fünfmal gebadet hat, verfeindet er sich mit B., und dieser untersagt ihm hierauf die weitere Benutzung der Anstalt. A. ist dadurch genöthigt in einer entfernter gelegenen Anstalt ein Abonnement für 15 M. zu nehmen. Er verlangt von B. Rückzahlung der 10 M., Erstattung der mehr aufgewendeten 5 M. und Ersatz für den Zeitverlust eventuell für das zur Ausgleichung des Zeitverlustes aufzuwendende Pferdebahngeld. B. erklärt sich nur zur Rückerstattung von 9 M. bereit, indem er für jedes Bad den üblichen Preis von 0,20 M. abzieht.

121. A. kommt mit B. überein, daß er zu Gunsten seines Freundes C. von diesem ein Reitpferd für 1000 M. kauft. Hat C. einen Anspruch auf das Pferd? Kann B. gegen C. auf Abnahme des Pferdes klagen? Wem steht nach der Uebergabe des Pferdes an C. der Anspruch auf Wandelung zu, falls das Pferd einen Hauptmangel hat?

122. A. miethet bei dem Fuhrherrn B. zur Fahrt von X nach Y einen Wagen gegen einen Fuhrlohn von 18 M. und ein dem Kutscher C. zu zahlendes Trinkgeld von 2 M. In Y. angelangt weigert sich A. das Trinkgeld dem C. zu zahlen, weil dieser entgegen seinem Verbote unterwegs geraucht hatte. C. ist zur theilweisen Entgeltung seiner Dienste auf die von B. ausbedungenen Trinkgelder angewiesen. Er fragt, ob er selber gegen A. klagen kann.

123. A. vermiethet dem B. zum 1. April ein Haus auf ein Jahr für einen Miethzins von 6000 M. und bedingt sich für den Fall, daß B. den Vertrag nicht erfüllen sollte, eine Strafe von 1500 M. aus. B. verweigert die Erfüllung des Vertrags und zieht am 1. April nicht ein. Darauf vermiethet A. das Haus zu den gleichen Bedingungen an C., der den Vertrag erfüllt. Kann dessen ungeachtet A. von B. die Strafe verlangen?

124. In den Statuten der beklagten Lebensversicherungsgesellschaft ist bestimmt, daß die unrichtige Ausfüllung des Fragebogens durch den Versicherten Verlust der Ansprüche und Verwirkung der gezahlten Prämie als Strafe nach sich ziehe. A. hat unrichtig angegeben, daß er in den letzten fünf Jahren nicht krank gewesen sei. 1) Die Gesellschaft hat die Unrichtigkeit dieser Angabe von Anfang an gekannt, läßt sich aber sechs Jahre lang die Prämien bezahlen und tritt hierauf vom Vertrage zurück. Darf sie die gezahlten Prämien behalten? 2) Wie, wenn sie nur an der Richtigkeit der Angabe gezweifelt hat? 3) Wie, wenn sie die Unrichtigkeit der Angabe gekannt, aber keinen Beweis dafür gehabt hat, und erst nach sechs Jahren in den Besitz von Beweisen gelangt?

125. A. läßt sich in Berlin von seinem Diener B. zum Bahnhof „Friedrichstraße" begleiten, damit dieser ihm das Handgepäck in den Wagen besorgt. Während B. mit dessen Unterbringung beschäftigt ist, setzt sich der Zug in Bewegung, und dadurch ist B. gezwungen, bis zur nächsten Haltestelle mitzufahren. Daselbst angelangt, meldet er sich beim Stationsvorsteher und zahlt sogleich den Fahrpreis für die zurückgelegte Strecke mit 0,20 M. Dessen ungeachtet fordert später der Eisenbahnfiskus auf Grund des § 21 Abs. 2 der Verkehrsordnung vom 15. November 1892 im Wege der Klage den Betrag von 6 M. B. wendet ein, daß er die Fahrt wider Willen gemacht habe und deshalb der gedachten Bestimmung, welche eine Vertragsstrafe enthalte, nicht verfallen sei. Wie ist zu entscheiden?

126. Ein englischer Clown schließt in Deutschland mit einem deutschen Cirkusdirektor einen Engagementsvertrag auf 6 Monate ab, wonach er monatlich 400 M. Gage erhält, aber 2400 M. Strafe zahlen muß, falls er den Vertrag bricht. Er läuft nach 2 Monaten davon und wird im Rechtswege auf Zahlung der Strafe belangt. Er wendet ein, daß er der deutschen Sprache nicht mächtig sei und den Vertrag ohne Kenntniß von seinem Inhalt unterschrieben habe, sowie daß die Strafe unverhältnißmäßig hoch sei.

127. Der Referendar A. hat sich am 25. Januar, da er soeben für den 1. Februar bei seinem Präsidenten zum Balle geladen worden ist, bei dem Schneider B. unter Hinweis auf seine Einladung einen Frack mit dem ausdrücklichen Vermerke bestellt, daß B. ihn an diesem Tage liefern müsse, widrigenfalls er, A., ihn nicht mehr gebrauchen könne. B. hat pünktlichste Lieferung zugesagt. Als der Frack bis zum Abend des 1. Februar nicht eintrifft, schreibt A. dem B., daß er vom Vertrage zurücktrete und den Frack nicht mehr annehmen werde. Am folgenden Morgen schickt B. den Frack, A. verweigert aber die Annahme. B. klagt demzufolge auf Zahlung und bemerkt dabei, daß die plötzliche Erkrankung seines besten Gesellen ihm die Einhaltung der Frist unmöglich gemacht habe, daß überdies die Frist um deßwillen der Bedeutung entbehre, weil der Beklagte den Frack immer gebrauchen könne.

128. Der Rentier A. kaufte von dem Bankier B. im Mai 1900 25 Stück Aktien der österreichisch-französischen Staatseisenbahngesellschaft und erhielt sie gegen Baarzahlung ausgeliefert. Als er sie im Juli weiter verkaufen wollte, stellte sich heraus, daß 4 Stück wegen Abschneidung des Randes der Souche nach Frankfurter Börsen-Usance nicht lieferbar waren. Er klagt auf Lieferung von 4 Stück anderen börsenmäßig lieferbaren Papieren gegen Rückgabe der erhaltenen und auf Ersatz des durch die voraufgegangene Verweigerung des Umtausches entstandenen Schadens.

Der Beklagte beantragt Abweisung. Er habe seinerseits erfüllt. Eventuell sei seine Verpflichtung aus dem Kaufvertrage durch Annahme der streitigen Papiere an Erfüllungsstatt aufgehoben worden.

Der Kläger erwidert, daß von Erfüllung nicht die Rede sein könne, weil B. etwas anderes geliefert habe, als was er hätte liefern sollen. Ebensowenig liege eine Annahme an Zahlungsstatt vor; denn er habe sich in dem entschuldbaren Irrthum befunden, daß sämmtliche Stücke von börsenmäßiger Beschaffenheit seien. Wie ist zu entscheiden?

129. A. schuldet dem B. ein Darlehn von 1200 M. und verpflichtet sich, es in monatlichen Raten von 100 M. zurückzuzahlen mit der weiteren Bestimmung, daß, wenn er einmal mit vier aufeinanderfolgenden Raten im Rückstande bliebe, der ganze Restbetrag auf einmal fällig sein sollte. A. läßt die ersten 3 Raten aus und bezahlt die 4. Rate; hierauf bleibt er wieder mit der 5., 6. und 7. im Rückstande und berichtigt die 8. Rate; auch die 9., 10. und 11. Rate entrichtet er nicht, erst mit der 12. Rate findet er sich pünktlich bei B. ein. Dieser klagt hierauf die übrigen 900 M. ein Ist er im Rechte?

130. A. hat dem B. 100 Flaschen Moselwein zu liefern, lieferte aber 1) versehentlich — 2) arglistig — Rheinwein. B. nimmt den Wein an.

Liegt hier Kauf oder Hingabe an Erfüllungsstatt vor? Was muß B. für den Wein zahlen?

131. Der Generalfeldmarschall X. stellt dem Restaurateur A. über eine Darlehnsschuld von 1000 M. einen Schuldschein aus. Als er sie nach Eintritt der Fälligkeit gegen Rückgabe des Schuldscheins tilgen will, erklärt sich A. zur Rückgabe außer Stande, weil er den Schuldschein, nicht die Forderung, dem Autographensammler B. für 10000 M. verkauft hat; er bietet dafür dem X. das öffentlich beglaubigte Anerkenntniß an, daß die Schuld erloschen sei. Hierauf klagt X. gegen A. auf Herausgabe dieses Anerkenntnisses und Zahlung von 9000 M., indem er bemerkt, daß er wegen 1000 M. mit seiner Darlehnsschuld aufrechne. A. verlangt widerklagend von X. Zahlung der 1000 M. gegen Empfang des Anerkenntnisses und Abweisung der Klage. —

1) Kann X., falls er nicht in dieser Weise kompensiren will (oder dessen ungeachtet?), nach Bezahlung der Schuld den Schuldschein von B. herausverlangen? —

2) Wenn A. die Forderung an C. abgetreten hat, kann dieser von B. den Schuldschein herausverlangen? —

132. A. schuldet dem B. ein am 1. März rückzahlbares, zu 4 % verzinsliches Darlehn von 1000 M. Als er sich am Fälligkeitstage bei B. mit dem Gelde zur Tilgung seiner Schuld einfindet, ist die Wohnung verschlossen; ein an der Thür angeklebter Zettel besagt, daß B. erst Ende des Jahres von einer Studienreise nach Afrika zurückkehren werde. A. hinterlegt hierauf das Geld bei der Hinterlegungsstelle und holt es am 31. Dezember mit den aufgelaufenen 2 % Zinsen ab. Er begiebt sich damit wiederum zu B. und erfährt, daß dieser erst am 7. Januar zurückkehrt. Nun behält A. das Geld bei sich und trägt am 7. Januar dem B. 1000 Mark hin. B. verlangt, daß A. ihm auch die Hinterlegungszinsen herausgebe. A. weigert sich dessen, weil nach § 379 Abs. 3 B.G.B. die Hinterlegung als von Anfang an nicht erfolgt gelte und er nach § 301 daselbst während des Verzugs des Gläubigers Zinsen nicht zu entrichten habe. B. meint, daß die Hinterlegung erst von dem Augenblicke der Zurücknahme an als nicht erfolgt gelte. Zum Nachweise, daß eine solche Auffassung trotz des Wortlauts des Gesetzes zulässig sei, beruft er sich auf § 2143, wo das Nichterlöschen der Rechtsverhältnisse auch erst von dem Eintritte der Nacherbfolge an Bedeutung haben könne. Zudem bemerkt er, daß nach § 379 Abs. 2 der Schuldner die gezogenen Nutzungen herausgeben müsse.

Wie ist der Fall zu entscheiden? Wie, wenn die Hinterlegung nicht wegen Verzugs des Gläubigers, sondern um deswillen erfolgt wäre, weil B. vor dem Fälligkeitstage gestorben und sein Erbe unbekannt war, und wenn nun A. das einige Monate hinterlegt gewesene Geld sammt Zinsen abhebt und es dem inzwischen bekannt gewordenen Erben ohne die Zinsen überbringt?

133. A. hat dem B. vor langer Zeit ein Darlehn von 100 M. gegeben und an verfallenen, zufolge Uebereinkommens nicht verjährten Zinsen gleichfalls 100 M. von ihm zu fordern. Nun verkauft und übergiebt B. dem A. einen Bücherschrank für 100 M. A. zahlt nicht baar, trifft auch wegen etwaiger Abrechnung seiner Forderung keine Vereinbarung und klagt demnächst die verfallenen Zinsen ein. B. erklärt, mit der Kaufpreisforderung aufrechnen zu wollen. A. erwidert, daß er die Gegenforderung zwar anerkenne, aber sie gegen die Darlehnsforderung anrechne.

134. Der Hauseigenthümer A. hat den B. zum Vicewirth bestellt und ihm als jährliche Vergütung für seine Bemühungen, die in der Besorgung der polizeilichen An- und Abmeldungen, der Einkassirung der Miethen, der Reinigung und Beleuchtung des Hauses bestanden, eine Wohnung im Hause im Jahresmiethswerthe von 360 M. eingeräumt mit der Abrede, daß die monatlich fälligen, im Voraus zahlbaren Miethsraten durch die Leistungen als Vicewirth abgegolten sein sollen. Der schriftliche Vertrag ist auf die Dauer eines Jahres geschlossen. Nach Verlauf von 3 Monaten wird die Zwangsverwaltung über das Haus eingeleitet. Der vom Gerichte bestellte Verwalter C. entzieht dem B. die Vicewirthschaft und verlangt klagend von ihm Zahlung der Miethe für den laufenden Monat. B. stellt ihm den Schaden in Gegenrechnung, der ihm dadurch erwachsen ist, daß C. ihm ohne Grund die Vicewirthschaft abgenommen hat.

135. Ist die Aufrechnung in folgenden Fällen zulässig?

a) A. klagt gegen B. eine Miethsforderung ein. Letzterer will mit einer Kaufgeldforderung für Backwaaren, welche er der Ehefrau des A. in den Haushalt geliefert hat, kompensiren.

b) A. klagt mit der Behauptung, daß B. sich schriftlich verpflichtet habe, ihm am 1. März ein Darlehn von 1000 M. zu geben. B. will dagegen mit einer gleich hohen Kaufgeldforderung kompensiren.

136. A. verklagt den B. auf Zahlung eines Darlehns von 400 M. B. bestreitet den Empfang des Darlehns und erklärt, daß er für den Fall des Nachweises der Klageforderung mit einer von A. nicht bestrittenen Forderung von 400 M. für ein dem A. verkauftes Pferd aufrechnen wolle. Vgl. hierzu Stölzel, Schulung für die civilistische Praxis, 2. Theil, S. 139 ff., 160 ff.; Eccius, in Gruchot's Beiträgen, Bd. 42, S. 15 ff.

137. A. und B. standen in laufender Rechnung. B. gerieth in Konkurs, A. meldete darin eine Forderung von 2900 M. an. Bald nach dem Ausbruche des Konkurses kam ein außergerichtlicher Vergleich zu Stande, in welchem den Gläubigern 50 % zugesichert wurden. Zur Zeit der Konkurseröffnung und des Vergleichsabschlusses hatte B. eine Gegenforderung an A. in Höhe von 1100 M. A. klagt nunmehr 900 M. ein, indem er geltend macht, er habe damals mit 1100 M. aufrechnen können und sei daher auch heute dazu berechtigt. B. bittet in Höhe von 550 M. um Abweisung. Er führt aus, daß dem Kläger zufolge des Vergleichs nur 1450 M. zustünden und daß er hiergegen mit seiner Gegenforderung aufrechnen dürfe.

138. A. schuldet dem B. 2000 M, B. hat an A. eine Forderung von 1000 M. Darlehn, 1000 M. aus einem Kaufe und 1000 M. aus einem Miethsvertrage. Er erklärt, daß er mit den ersten beiden Forderungen aufrechnen wolle. A. widerspricht aber unverzüglich und verlangt, daß die Kauf- und die Miethsforderung gegeneinander aufgerechnet werden sollen. B. will darauf nicht eingehen und klagt nunmehr die Miethsforderung mit 1000 M. ein. A. beantragt Abweisung der Klage.

139. A. verkauft im Februar sein Haus dem B. für 100000 M. B. übernimmt in Anrechnung auf den Kaufpreis eine darauf für C. eingetragene Hypothek von 50000 M. Die Auflassung soll am 1. April stattfinden. Im März tritt B. seinen Anspruch aus dem Vertrage an D. ab. In welches Verhältniß tritt dieser zu A., B. und C.? Kann er auf Auflassung klagen?

140. A. verkauft dem B. zwei Reitpferde mit der Abrede, daß sie nach acht Tagen geliefert und acht Tage nach der Lieferung bezahlt werden sollen. Noch vor der Lieferung tritt er seinen Anspruch aus dem Vertrage an C. ab. Welche Rechte erwachsen diesem daraus?

141. X. hat sich von Rothschild 1000 M. geborgt und ihm dafür einen Brillantschmuck zum Faustpfand gegeben. Rothschild cedirt seine

Darlehnsforderung an Y., einen stets in Zahlungsverlegenheiten befindlichen Minderkaufmaun und überläßt ihm zugleich den Besitz des Brillantschmuckes. Muß X. sich die Cession und die Besitzübertragung des Schmuckes gefallen lassen? Welche Rechte hat er gegen Rothschild, welche gegen Y.?

142. Der Lotteriekollekteur A. hat bei der Königl. Lotteriedirection eine Kaution von 20000 M. in Staatspapieren hinterlegt. Es ist vereinbart, daß der Anspruch auf Herausgabe der Kaution weder abgetreten, noch verpfändet, noch sonstwie veräußert werden darf. Gleichwohl tritt A. den Anspruch an B. am 1. Februar ab. Am 10. Oktober läßt C., ein Gläubiger A.'s, wegen einer vollstreckbaren Darlehnsforderung von 4000 Mark den bezeichneten Anspruch des A. gegen die Lotteriedirection pfänden und sich zur Einziehung überweisen. B. klagt mit dem Antrage: den C. zu verurtheilen, anzuerkennen, daß seine Pfändung unwirksam sei. Er macht geltend, daß A. zur Zeit der Pfändung nicht mehr Eigenthümer der Forderung gewesen sei. C. bittet um Abweisung, indem er ausführt, daß zwar nach § 399 B.G.B. die Cession an B., nicht aber seine Pfändung ungiltig, diese vielmehr durch § 851 Abs. 2 C.P.O. ausdrücklich zugelassen sei. B. erwidert, daß C. den § 399 B.G.B. mißverstanden habe; dieser wolle nur dem Schuldner eine Einrede gegenüber dem Cessionar geben, aber weder das Verhältniß zwischen dem Cedenten und dem Cessionar, noch das zwischen dem Letzteren und einem Vollstreckungsgläubiger des Forderungsberechtigten regeln.

143. A. hat eine am 1. Dezember 1900 fällige Forderung an X. am 1. Februar 1900 dem B. abgetreten und dem X. von der Cession Kenntniß gegeben. Auf die Klage des B. will X. mit einer Forderung an A. kompensiren, die am 15. Januar 1900 entstanden und am 1. April 1900 fällig gewesen war, und die er von A. nicht hatte beitreiben können. Geht dies?

144. A. schuldet dem B. 1000 M. Darlehn gegen einen Schuldschein. B. tritt die Forderung dem C. ohne Uebergabe des Schuldscheins, sodann dem D. unter Aushändigung des Schuldscheins ab, und zwar beide Male schriftlich. Keine der beiden Abtretungen ist dem A. angezeigt worden. D. klagt gegen A., erstreitet ein obsiegliches Urtheil und wird befriedigt. Nunmehr verlangt C. von ihm Bezahlung auf Grund seiner älteren, ihm von B. über die Abtretung der Forderung ausgestellten Urkunde.

145. Für den A. stehen auf dem Grundstücke des B. 10000 M. Hypothek eingetragen. B. verkauft das Grundstück an C., dieser verkauft es an D. D. hat die Hypothek in Anrechnung auf den Kaufpreis übernommen. Während er Eigenthümer des Grundstückes ist, wird es im Wege der Zwangsversteigerung verkauft. A. fällt mit 5000 M. aus. Unter welchen Voraussetzungen kann A. den C. wegen des Ausfalls als persönlichen Schuldner in Anspruch nehmen?

146. B. hat von A. ein Haus gekauft und in Anrechnung auf den Kaufpreis unter anderen Hypotheken auch eine für X. an dritter Stelle eingetragene Darlehns-Hypothek von 10000 M. übernommen und sich verpflichtet, den A. von der Haftung gegenüber X. zu befreien. B. verkauft das Haus schon nach wenigen Tagen an C., und in dessen Händen kommt es einige Wochen darauf zur Zwangsversteigerung. X. fällt dabei mit seiner Forderung aus. Er läßt sich nunmehr von A. dessen Anspruch an B. auf Befreiung abtreten und klagt gegen B. auf Zahlung der 10000 Mark. B. erachtet die Klage an sich für unbegründet; eventuell bestreitet er, daß A. je ein Darlehn von X. erhalten habe.

147. A. und B. sind Gesammtschuldner von C. Dieser tritt seine Forderung gegen A. an D. ab. Welche Wirkung tritt hinsichtlich des B. ein?

148. A. und B. haben sich gegenüber C. mittels eines und desselben Vertrags zur Rückzahlung eines ihnen gemeinschaftlich gegebenen Darlehns verpflichtet. Die Klage des C. gegen A. ist durch rechtskräftiges Versäumniß-Urtheil abgewiesen. C. nimmt hierauf den B. in Anspruch. Dieser bittet um Abweisung, einmal unter Berufung auf das in dem Prozesse mit A. ergangene Urtheil, sodann auf eine dem A. unstreitig zustehende Gegenforderung von gleicher Höhe.

149. A., B., C. und D. haben gemeinschaftlich ein Darlehn von 1200 M. aufgenommen. A. hat an den Gläubiger 600 M. gezahlt. Wie hoch ist sein Ersatzanspruch gegen die Mitschuldner? Wie hoch in dem Falle, daß B. zahlungsunfähig ist?

150. A., B. und C. kaufen ein Pferd für 1500 M., die in drei Raten am 2. Januar, 1. Februar und 1. März zu zahlen sind. A. zahlt die erste Rate allein. B. wird am 10. Januar zahlungsunfähig. A. stellt demzufolge gegen C. am 15. Januar die Regreßklage auf 250 M. an.

Wird er damit durchdringen? Wie ist zu entscheiden, wenn die Klage am 3. Februar, nach Fälligkeit der zweiten, aber unbezahlt gebliebenen Rate erhoben wird?

151. A. und B. verpflichten sich schriftlich dem C. 6000 M. in 3 Raten Zwecks Mitbetheiligung an dessen Handelszeitung zu zahlen. A. zahlt hiervon 5000, B. nur 1000 M. A. verlangt von B. im Regreßwege Zahlung von 2000 M., weil im Vertrage über ihr Verhältniß nichts gesagt worden. B. wendet ein, daß er sich nur zur Zahlung von 1000 M. verpflichtet habe. Beide bedienen sich der Eideszuschiebung. Wen trifft die Beweislast? Wie ist zu entscheiden?

152. A. behauptet, B. habe 1000 Cigarren zum Preise von 100 M. bei ihm bestellt, und er habe sie ihm demzufolge geliefert. Eventuell habe B. die ihm mit einer über 100 M. lautenden Rechnung gelieferten 1000 Cigarren verbraucht. A. verlangt Bezahlung. Was für eine Klage liegt vor?

153. A. schreibt an den Getreidehändler B., er möchte für seine, A.'s Rechnung dem C. einen Centner Weizenmehl schicken. B. thut dies, ohne zuvor dem A. zu antworten, daß er den Auftrag annehme. Welche rechtlichen Beziehungen sind durch die Absendung des Mehls an C. zwischen den drei Personen entstanden? Kann insbesondere B. gegen A. den Marktpreis einklagen?

154. A. hat bei B. einen fertigen Gehrock gekauft, weigert aber die Abnahme. Auf Zustellung des Kaufpreises belangt wendet er ein, der von ihm gekaufte Rock sei zweireihig gewesen, während der von B. ihm zugesandte Rock nur eine Reihe Knöpfe gehabt habe. Wen trifft die Beweislast?

155. A. hat dem B. im Mai ohne Angabe der Quantität Kartoffeln, den Sack zu 6 M., lieferbar zu Weihnachten verkauft. Nachdem die Kartoffeln im Preise sehr gestiegen sind, verlangt B. zu Weihnachten von A. käufliche Ueberlassung von 100 Sack mit dem Anführen, A. habe gewußt, daß er, B., stets um diese Zeit einer solchen Quantität benöthigt sei.

156. A. bestellt in einem Restaurant nach der Speisekarte ein Schnitzel, dessen Preis darin auf 1,00 M. angegeben war. Bei der Bezahlung verlangt der Wirth von ihm 1,60 M. A. beruft sich auf die Speisekarte. a) Der Wirth erklärt, die Auszeichnung mit 1,00 M. beruhe auf einem

Schreibfehler. b) Der Wirth findet, daß die Auszeichnung von unbekannter Hand in 1,00 M. geändert ist, aber so sorgfältig, daß die Fälschung nur mit der Lupe zu erkennen ist. In beiden Fällen weist er darauf hin, A. habe wissen müssen, daß in einem so feinen Restaurant, wie es das seine sei, ein Schnitzel nicht für 1,00 M. verabfolgt werde. Muß A. 1,60 M. bezahlen?

157. A. verkauft am 1. April eine Kuh an B. für 100 M. B. bittet ihn, die Kuh bis zum 10. April in seinem (A.'s) Stalle aufzubewahren, da er sie vorher bei sich nicht unterbringen könne. Am. 2. April verkauft A. die nämliche Kuh an C. für 110 M., miethet sie aber von ihm sofort gegen ein tägliches Entgelt von fünfzig Pfennigen bis zum 12. April. Am 3. April verkauft er die Kuh für 120 M. dem D., der sie alsbald mit sich fortführt. C. und D. sind bei dem Erwerbe der Kuh in gutem Glauben gewesen. Wie gestaltet sich das gegenseitige Verhältniß der vier Personen? —

Gesetzt: D. habe den A. gebeten, die Kuh nach seinem (D.'s) Wohnorte X. zu transportiren und dort den Kaufpreis entgegenzunehmen; A. habe sie darauf durch seinen Knecht nach X. geschickt, und die Kuh habe unterwegs ein Kalb geworfen. Wem gebührt es?

158. A. hat im Februar sein Grundstück mittels schriftlichen Vertrags dem B. verkauft und sich verpflichtet, es ihm am 1. April aufzulassen. Im März hat C., ein Gläubiger A.'s, eine Hypothek von 10000 M. im Wege der Zwangsvollstreckung eintragen lassen. Kann B. von dem Vertrage zurücktreten oder muß er die Auflassung entgegennehmen?

159. B. hat eine spezielle Erfindung gemacht, ohne die voraufgegangene generelle Erfindung des A. zu kennen. Er hat sie in der Anmeldung so speziell beschrieben, wie er sie gemacht hat, und ein Patent für diese spezielle Ausführungsform gefordert, weil er auf das generelle Verfahren keinen Werth legt. Das Patent wird ihm auch so ertheilt, und er giebt dem C. gegen Entgelt eine Licenz auf die Dauer des Patents. C. erbaut eine Fabrik und trifft kostspielige Einrichtungen. Wie er aber mit seinem Produkt auf dem Markt erscheint, meldet sich A. mit seinem älteren Patent und untersagt dem C. die Produktion. Jetzt will C. gegen B. den Regreß nehmen. In welchem Umfange ist dies statthaft? (S. hierzu Bolze, bei Gruchot Bd. 39 S. 7 ff.).

160. A. kauft in einem Metzgerladen ein Pfund Wurst. Nachdem der Metzger es ihm zugewogen und auf den Ladentisch gelegt hat, nimmt es unversehens ein Hund weg und frißt es auf. Wer trägt den Schaden? Wie steht es, wenn der Hund dem Metzger gehört?

161. A. hat dem B. ein Haus für 90000 M. verkauft und übergeben. Vor der Eintragung im Grundbuche brennt es ab. Wer trägt die Gefahr? Kommt es darauf an, ob der Kaufpreis zur Zeit des Brandes schon gezahlt oder gestundet war?

162. A. verkauft von 300 in seinem Speicher lagernden Scheffeln Getreide 100 Scheffel dem B. und verpflichtet sich, sie der Eisenbahn zum Transport an diesen zu übergeben. Nachdem er sie ausgesondert hat, bricht in der Nacht vor ihrer Ablieferung an die Eisenbahn ein Feuer im Speicher aus, und es verbrennen: 1) die ausgesonderten 100 Scheffel; — 2) die übriggebliebenen 200 Scheffel; — 3) alle 300 Scheffel. Wer trägt den Schaden?

163. A. verkauft von seinem Holzlager dem B. eine bestimmte Quantität Holz. B. verpflichtet sich, es binnen drei Tagen abholen zu lassen, kommt aber dieser Verpflichtung nicht nach. In der Nacht vom dritten zum vierten Tage: a) wird das Holzlager überschwemmt, und der gesammte Bestand wird dadurch erheblich beschädigt; — b) brennt das ganze Lager ab. Wer trägt den Schaden? Kommt es darauf an, ob B. das verkaufte Holz bereits für A. ausgesondert hatte?

164. Der Handlungsgehilfe A. kauft bei B. eine Schreibmaschine für 100 M. mit der Verabredung, daß der Kaufpreis in monatlichen Raten von 10 M. getilgt und die erste Rate bei der Uebergabe in seiner Wohnung gezahlt werden solle. Da er durch seine etwaige Abwesenheit die Ablieferung nicht verzögert wissen will, händigt er seiner Vermietherin C., bei der er als Chambregarnist wohnt, 10 M. ein mit dem Auftrage, sie dem Ueberbringer der Maschine auszuhändigen. Die Maschine wird geliefert und von der C. in A.'s Zimmer auf den Tisch gestellt. Kaum daß dies geschehen war, begegnet der Bote dem eben heimkehrenden A. und will ihm von der Ablieferung berichten. Da vernehmen beide einen Krach. Sie stürzen ins Zimmer und finden die Maschine zerschmettert am Boden. A. giebt sie dem Boten wieder mit. B. verlangt nunmehr die Kosten der Reparatar mit 30 M. von A.

Ist es für die Entscheidung von Belang, ob die Uebergabe der Maschine in B.'s Geschäfte stattgefunden hatte oder ob sie in A.'s Wohnung erfolgen sollte?

165. A. kauft bei B., ohne einen Preis zu verabreden, am 3. Januar 1900 einen Teppich und erhält ihn zugesandt. Sechs Monate später schickt ihm B. die Rechnung. Kann er, falls A. nicht sofort zahlt, in der Klage Zinsen seit dem 3. Januar 1900 fordern?

166. A. hat dem B. ein Pferd für 500 M. verkauft und übergeben, sich jedoch das Eigenthum daran bis zur Zahlung des in 10 Monatsraten von je 50 M. zu entrichtenden Kaufpreises vorbehalten. Da B. innerhalb Jahresfrist nur 6 Raten bezahlt hat, erklärt A. ihm den Rücktritt vom Vertrag und klagt auf Herausgabe des Pferdes, ohne Rückzahlung des erhaltenen Kaufgeldes anzubieten. B. beantragt aus dem letzteren Grunde Abweisung der Klage.

167. A. verkauft dem B. ein Pferd für 1000 M. unter der ausdrücklichen Zusage, daß es auf beiden Augen sehe. Nach der Uebergabe entdeckt B., daß es auf einem Auge blind ist. Wie haftet A.?

168. Der Gutsbesitzer A. kauft bei dem Fabrikanten optischer Instrumente B. zu Jagdzwecken ein in dessen Preisverzeichniß näher beschriebenes Fernrohr, welches eine achtmalige Vergrößerung bewirken sollte, für 95 M.; B. schließt die Haftung für Mängel aus. Nach einigen Wochen sendet er den Kaufpreis ein und bemerkt dabei, daß das Fernrohr bei hellem Lichte vorzüglich, aber in der Dämmerung als Pürschglas nicht verwendbar sei. Wiederum einige Wochen später schreibt er dem B., er habe das Fernrohr durch einen Sachverständigen untersuchen lassen, und dieser habe festgestellt, daß es nur sechsmal vergrößere; er verlangt, daß B. das Fernrohr zurücknehme. B. erwidert, es sei im Handel mit optischen Instrumenten allgemeiner Brauch, die Angaben über Vergrößerung nur annähernd zu machen; der Käufer lege auch darauf keinen Werth, da ihm nur daran gelegen sei, ein gutes Glas zu erhalten, und hier habe A. das Glas sogar als vorzüglich anerkannt. A. klagt auf Rückgängigmachung des Verkaufs wegen Betrugs, den er darin findet, daß B. eine achtmalige Vergrößerung zugesichert habe, ohne sich vorher davon zu überzeugen, ob das auch wahr sei.

169. A. hat dem B. ein Landgut mit Inventar verkauft und übergeben und klagt die erste Kaufgelderrate ein. B. beantragt Abweisung der

Klage. Er erhebt die Einrede des Betrugs: A. habe ihm in Bezug auf die Ertragsfähigkeit des Gutes wissentlich falsche Vorspiegelungen gemacht und ihn dadurch zum Kaufe verleitet. A. hält die Einrede für unerheblich, weil B. sich nicht gleichzeitig zur Rückgabe des Gutes erboten habe. Ist das richtig? Wie ist zu erkennen, wenn das Beweisergebniß für B. günstig ist? Wie kommt A. im Falle der Klageabweisung zu seinem Gute? Wer von beiden ist im Rechte?

170. A. hat dem B. eine Sau als englische Zuchtsau verkauft. Das Thier ferkelt, und es stellt sich hierbei heraus, daß es eine ganz gewöhnliche Sau ist. B. wandelt. Wem gebühren die Jungen? Wie steht es mit den Futterkosten?

171. Der Ziegeleibesitzer A. hat dem Amtsrichter B. zu dem Baue seines Wohnhauses eine Schiffsladung Dachziegel nach Probe verkauft. An dem Tage der Ankunft des Schiffs besichtigt B. die Ziegel an der Oberfläche und findet sie probegemäß. Am nächstfolgenden Tage stellt sich heraus, daß nur die obere Schicht, nicht aber die darunter liegenden Schichten der Probe entsprochen haben. Welche Rechte hat B.? Wie steht es mit der Beweislast?

172. A. verkauft dem B. ein Pferd für 1000 M. und übergiebt es ihm; B. hat aber das Recht, statt dieses Pferdes, falls es ihm nicht gefiele, ein anderes brauchbares Pferd zu verlangen. Was für ein Vertrag liegt vor? Was muß B. beweisen, wenn er ein anderes Pferd begehrt?

173. A. hat seinen verarmten Bruder B. zu sich genommen und ihn ein Jahr lang beköstigt. Nachdem B. hierauf einen beträchtlichen Gewinn in der Lotterie gemacht hat, klagt A. von ihm für den gewährten Unterhalt 1200 M. als angemessenen Betrag ein. Dieser bittet um Abweisung der Klage, weil A. ihm die Zuwendungen in unentgeltlicher Absicht gemacht und er sie nur unter dieser Voraussetzung entgegengenommen habe.

174. A., der einzige und reiche Verwandte der B., hat dem Volksschullehrer C. eine jährliche Zulage von 400 M. versprochen, um diesen zur Eheschließung mit der B. zu bestimmen und sie ihm durch materielle Unterstützung zu ermöglichen. Mit Rücksicht auf diese Zusage heirathet C. die B., aber schon im dritten Jahre erklärt A., daß er ihm keine weitere Unterstützung zukommen lassen werde, weil er mit seiner politischen Richtung nicht einverstanden sei. C. klagt gegen A. auf Zahlung der fälligen 400 M. mit der Ausführung, daß hier ein lästiger Vertrag vorliege, bei dem die Eheschließung die Gegenleistung darstelle, und daß A. davon nicht zurücktreten könne, nachdem er, C., erfüllt habe. Handle es sich aber um eine Schenkung, so sei der Widerruf ausgeschlossen, weil sie einer sittlichen Pflicht oder einer auf den Anstand zu nehmenden Rücksicht entsprochen habe. A. hält beide Gründe nicht für zutreffend.

175. A. verspricht seinem Prokuristen B. an dessen Hochzeitstage, daß er dessen erstgeborenem Sohne am Tage der Volljährigkeit 10000 M. schenken wolle; B. acceptirt dieses Versprechen. B. stirbt nach 5, A. nach 10 Jahren. Der Sohn B.'s, welcher noch im ersten Jahre der Ehe zur Welt gekommen war, fordert von den Erben A.'s nach erreichter Volljährigkeit die versprochene Summe. Die Erben erachten das Versprechen an sich für ungiltig und jedenfalls deshalb für unwirksam geworden, weil ihr Erblasser dabei von der selbstverständlichen Voraussetzung ausgegangen sei, daß B. alsdann noch lebte und so lange ihm gedient hätte.

176. Die unverehelichte A. Z. schloß am 11. Juni 1900 mit ihrem Bruder R. Z. einen Schenkungsvertrag ab, inhalts dessen sie diesem ihr gesammtes Vermögen unter Lebenden mit gewissen Modalitäten überließ. Mit dem Vertrage begab sie sich am folgenden Tage auf das Gericht und erklärte unter Ueberreichung desselben zu Protokoll: „Ich übergebe dem Gerichte den Schenkungsvertrag vom 11. Juni 1900 mit der Bitte, das Original zu den Akten zu nehmen und je eine Ausfertigung desselben, versehen mit der Bescheinigung der gerichtlichen Insinuation, mir und dem Beschenkten zu behändigen.“ Das Gericht hat dem Antrage entsprochen. In einem vom Fiskus angestellten Erbschaftssteuerprozesse ist die Rechtsgiltigkeit dieser Schenkung bestritten worden, weil der Beschenkte nicht mit der Schenkerin bei Gericht erschienen und hier die Erklärung über Annahme der Schenkung abgegeben habe. Was ist hierzu zu sagen? Konnte die Schenkerin sich auch durch einen Bevollmächtigten vertreten lassen?

177. A. hat dem B. mittels schriftlichen Miethsvertrages eine Wohnung vermiethet. B. entschließt sich jedoch in seiner bisherigen Wohnung zu bleiben und theilt dem A. gelegentlich einer Zusammenkunft mit, daß er nicht einziehen werde. A. ist damit einverstanden und vermiethet und übergiebt die Wohnung dem C. Bald darauf brennt das Haus, worin B. wohnt, ab, und er klagt nunmehr gegen A. auf Einräumung der Wohnung. Wird er mit der Klage durchdringen?

178. In einem Reitinstitut ist ein Plakat angebracht, daß Pferde zum Ausreiten vermiethet werden, daß aber den Miether die Gefahr trifft. A. miethet ein Pferd, geräth auf der Straße in Folge der durch das Vorübersausen eines Feuerlöschzuges plötzlich eingetretenen Stauung ins Gedränge, und hierbei wird sein Pferd von einem anderen Pferde geschlagen. Der Inhaber des Reitinstituts verlangt Schadensersatz. Die Beweisaufnahme ergiebt, daß A. den Schlag nicht hat abwenden können.

179. Liegt in folgenden Fällen Miethe oder Pacht vor?

α) Ein Wohnhaus ist sammt dem dazu gehörigen Obst- und Gemüsegarten dem A. vermiethet; A. ist berechtigt, die Früchte des Gartens nach den Regeln einer ordnungsmäßigen Wirthschaft zu beziehen.

β) Ein Hotel ist sammt Inventar dem A. vermiethet; A. ist berechtigt, das Hotel für eigene Rechnung zu betreiben.

γ) Eine Brauerei hat eine von ihr eingerichtete Restauration dem A. vermiethet; A. ist verpflichtet, das Bier lediglich von der Brauerei zu einem bestimmten Preise zu beziehen.

δ) Dem A. ist ein Mühlengrundstück mit Wasserkraft zum Betriebe des Müllergewerbes entgeltlich überlassen.

ε) Dem A. ist in einer Großstadt das 3. Stockwerk eines Hauses zum Betriebe einer Tischlerei für 150 M. monatlich vermiethet und zugleich die elektrische Kraft einer das ganze Haus mit Elektrizität versorgenden, im Keller aufgestellten Maschine gegen eine Entschädigung, deren Höhe nach der Menge des verbrauchten Stromes bemessen ist.

180. A. vermiethet dem B. eine Wohnung auf 3 Jahre. Schon nach einem Monate wird B. durch die Polizei aus gesundheitspolizeilichen Rücksichten zum Auszuge genöthigt. A. erbietet sich sofort, in dem anstoßenden, ihm gleichfalls gehörigen Hause dem B. eine polizeilich nicht zu beanstandende, im Uebrigen völlig gleiche Wohnung zu gewähren und die Kosten des Umzugs zu tragen. B. geht darauf nicht ein, miethet vielmehr eine theurere Wohnung, da er abgesehen von der angebotenen Wohnung eine solche in der gleichen Preislage in der Nachbarschaft nicht findet und sein Beruf ihn an die Gegend bindet. Er verlangt nunmehr von B. Schadensersatz.

181. Der Restaurateur A. hatte von B. vom 1. April 1900 bis dahin 1905 eine erst zum Gastwirthschaftsbetrieb einzurichtende größere

Räumlichkeit gemiethet und ihn am 1. April aufgefordert, binnen 2 Wochen die vermietheten Räumlichkeiten in einen zum vertragsmäßigen Gebrauche geeigneten Zustand zu versetzen. A. war nämlich, wie er ihm mittheilte, auf sein Gesuch um Konzessionsertheilung vom Stadtausschuß deswegen abschlägig beschieden worden, „weil das Lokal der Polizeiverordnung vom 21. September 1883 insofern nicht entspräche, als in dem Hause zwei Prostituirte wohnten, über deren Treiben bereits Klagen eingegangen wären." Am 20. April kündigt A. das Miethsverhältniß. Er klagt nunmehr auf Rückzahlung der Miethe, wogegen B. nicht nur die Abweisung A.'s, sondern auch dessen Verurtheilung zu weiterer Miethszahlung beantragte. B. macht geltend, daß das Hinderniß der Konzessionsertheilung nur kurze Zeit bestanden habe und daß der Stadtausschuß nach geschehener Aufklärung, und namentlich, wenn sich A. weiter um die Ertheilung bemüht hätte, die Konzession jedenfalls in einigen Tagen ertheilt haben würde. Aus der kurzen Verspätung könne A. noch kein Recht zum Rücktritte herleiten. Wie ist zu erkennen?

182. Der in H. wohnhafte Pferdehändler A. miethet von B. in Y. einen Pferdestall vom 2. bis 4. September, um darin einen Trupp Pferde für den am 3. September in Y. stattfindenden Pferdemarkt einzustellen. Wie er am 2. September mit 10 Pferden ankommt, kann ihm B. den Stall nicht gewähren, weil er während des gerade abgehaltenen Manövers für militärische Zwecke belegt war. A. findet auch anderweit kein Unterkommen für seine Pferde und ist deshalb genöthigt, sie wieder nach Hause zu bringen. Er kündigt dem B. sofort den Miethsvertrag und verlangt klagend von ihm Abnahme der 10 Pferde zu dem Preise, welchen er auf dem Markte für sie hätte erzielen können.

183. A. hatte von B. auf eine Reihe von Jahren Lokalitäten „zur Betreibung einer Möbelfabrikation im Allgemeinen" gemiethet und benutzt, bis ihm die Zollbehörde, deren besonderen Anordnungen diese in der Hamburger Zollvereins-Niederlage belegenen Räume gesetzlich unterworfen waren, am 1. März 1901 untersagte, vom 1. April d. Js. an andere Möbel als Polstermöbel dort anzufertigen. A. ersuchte unverzüglich den B. bis zum 15. März Abhilfe zu schaffen, widrigenfalls er das Miethsverhältniß zum 1. April kündige. Da es dem B. nicht gelang, die Zollbehörde zur Zurücknahme ihrer Verfügung zu bewegen, klagt A. gegen ihn auf Feststellung seiner Berechtigung von dem Vertrage zurückzutreten. B. wendet ein, daß es sich nur um eine unerhebliche Einschränkung des vertragsmäßigen Gebrauchs handle, der als ein Fehler der vermietheten Sache nicht gelten könne. A. erwidert, daß sein Rücktrittsrecht eventuell um deswillen berechtigt sei, weil der Beklagte die ihm obliegende Leistung wegen eines von ihm zu vertretenden Umstandes nicht bewirken könne.

184. A. hat von B. am 1. April 1900 Fabrikräume zum Betriebe einer Eisengießerei auf 3 Jahre gemiethet und bezogen. Vor dem Abschluß des Miethsvertrages hatte ihm B. mitgetheilt, daß ihm die Polizei wegen der für die Benutzung der Räume zu dem vertragsmäßigen Gebrauche erforderlichen polizeilichen Genehmigung noch Schwierigkeiten mache, die er aber zu überwinden hoffe. Es war deshalb vereinbart worden, daß B. die Genehmigung der Polizei bis zum 1. Januar 1901 zu beschaffen habe. Dem B. gelang dies nicht. A. setzte ihm eine Frist bis zum 1. März und kündigte nach deren Ablauf das Miethsverhältniß zum 1. April. Wie A. ausziehen will, macht B. sein Pfandrecht für 2 Miethsjahre geltend. A. verklagt ihn deshalb mittels der am 10. April zugestellten Klage darauf, seinen Auszug zu dulden und die Auflösung des Vertrages anzuerkennen. B. bittet um Abweisung, einmal weil der Kläger den Mangel der vermietheten Sache, falls von einem solchen überhaupt geredet werden dürfe, bei dem Abschluß des Vertrages gekannt, sodann weil die Polizei am 5. April die erbetene Genehmigung ertheilt hat.

185. Der Pianofortefabrikant A. hat von dem Hauseigenthümer B. das obere Stockwerk des Hauses zum Fabrikbetriebe gemiethet. An einem Sonntag Nachmittage, wo Niemand in der Werkstatt ist, fällt starker Regen, dringt durch das Dach in die Werkstatt ein und beschädigt ein neu gebautes Klavier. A. verlangt Schadensersatz, weil der Regen nur in Folge der Schadhaftigkeit des Daches, welche Beklagter vertreten müsse, habe schädlich wirken können.

186. Beim Auszuge aus der drei Treppen hoch belegenen Miethswohnung zerbrechen die Arbeiter des Transportgeschäfts, dem der Miether den Umzug übertragen hat, eine zur Wohnung gehörige Fensterscheibe und das Geländer der Treppe, die zu dem ersten Stockwerke führt. Der Vermiether verlangt klagend Ersatz dafür. Der Miether wendet ein, daß er für den von Dritten angerichteten Schaden nicht verantwortlich sei und daß ihn bei der Auswahl der Arbeiter kein Versehen treffe, da er nicht mehr thun könne, als mit dem Umzuge ein renommirtes Transport=

geschäft zu betrauen. Der Vermiether möge sich an den Transportunternehmer halten.

187. A. hat in der Miethswohnung das Eßzimmer neu tapezieren und von diesem einen Telegraphen nach der Küche anlegen lassen. Beim Auszuge zerschneidet er die Tapeten und den Telegraphendraht. Der Vermiether B. beantragt den A. zu verurtheilen, nach seiner Wahl entweder neu tapezieren und den Telegraphen wieder herstellen zu lassen oder die Kosten dafür, nämlich 30 M. für das Tapezieren und 10 M. für den Telegraphen zu zahlen.

188. A. hat in dem Hause des B. eine Wohnung für 1000 M. vom 1. Oktober 1900 bis zum 30. September 1901 gemiethet. Er zieht am 25. September ohne Wissen und Willen des B. ein und schon am 29. September ohne dessen Wissen mit allen Möbeln wieder aus, weil ihm die Wohnung nicht behagt. B. erwartet am 1. Oktober vergeblich seinen Einzug und klagt, nachdem er von dem Vorgefallenen Kenntniß erhalten, gegen A. auf Ueberlassung des Besitzes der eingebrachten, der Pfändung nicht unterworfenen Sachen. A. meint, daß sein eigenmächtiges Handeln vor Beginn der Miethzeit nicht im Stande sei, ein Pfandrecht zu begründen, das nur dem Miether gegenüber vom Gesetze gewährt werde.

189. A. vermiethet dem B. sein Haus mittels schriftlichen Vertrages für 500 M. jährlich auf fünf Jahre. Es ist darin vereinbart, daß der Vertrag auf weitere fünf Jahre als verlängert gelten solle, wenn ihn A. nicht 3 Monate vor dem Ablauf der Miethzeit kündige. Am 1. Oktober 1905 läuft der Vertrag ab. Am 30. Juni 1905 kommen beide mündlich dahin überein, daß B. noch bis zum 1. Oktober 1907 wohnen bleiben dürfe. An diesem Tage will B. nicht ausziehen, weil A. ihm nicht gekündigt habe und die mündliche Abrede ihn nicht binde. A. fragt um Rath.

190. Der außerordentliche Professor A. in Berlin hat eine Wohnung auf 5 Jahre gemiethet. Nach Ablauf von 3 Jahren erhält er einen Ruf als ordentlicher Professor nach Bonn, dem er Folge leistet. Er kündigt seine Wohnung für den Schluß des nächsten Kalendervierteljahres. Der Vermiether B. erklärt, daß er die Kündigung nicht annehme, und verklagt den A. nach seinem Auszuge und dem Ablaufe der ursprünglichen Miethszeit auf die Zahlung der Restmiethe.

191. A. hat dem B. eine Wohnung auf 3 Jahre mit der Abrede vermiethet, daß B. sie, falls A. das Haus verkaufe, unverzüglich räumen müsse. Nachdem A. ein Jahr darauf am 1. April das Haus an C. verkauft und hiervon dem B. Mittheilung gemacht hat, fordert C. am 8. April den B. zur sofortigen Räumung auf und strengt, da B. der Aufforderung nicht nachkommt, am 15. April gegen ihn die Klage auf Herausgabe der Wohnung an. B. wendet ein, daß die Vertragsbestimmung gegen das Gesetz und die guten Sitten verstoße, und verlangt widerklagend Verurtheilung des C. zur Aushaltung des Miethsvertrages.

192. A. hat dem B. einen werthvollen Brillantring auf 3 Monate geliehen. In der Zwischenzeit hat B. ihn versetzt, und darauf ist er in Konkurs geraten. Der Konkursverwalter C. findet den Pfandschein vor. Er hält den Ring für das Eigenthum B.'s und löst ihn für 300 M. ein. Nach Ablauf der 3 Monate meldet sich A. bei C. Dieser will ihn nur gegen Erstattung von 300 M. herausgaben.

193. A. will dem B. auf dessen Ansuchen ein Darlehn dadurch gewähren, daß er ihm einen Schuldschein über 100 M. mit der Genehmigung ausstellt, sich darauf Geld zu verschaffen. B. erhält darauf von C. 50. M. Steht dem C. gegen A. aus dem Schuldschein ein klagbarer Anspruch und bejahenden Falls auf wieviel zu?

194. A. schuldet dem B. 100 M. aus der Ausführung eines Auftrags. Sie kommen überein, daß A. diese 100 M. als Darlehn behalten solle. Kann B. nunmehr die Darlehnsklage anstellen und Zinsen fordern?

195. A. giebt während der Abwesenheit seines Freundes B. von dessen in seiner Verwahrung befindlichen Geldern dem C. ein Darlehn. Nach seiner Rückkunft erfährt B. den Sachverhalt und stellt gegen C. die Darlehnsklage an. Ist sie begründet?

196. A. bittet seinen Freund B. um ein Darlehn von 100. M. Dieser giebt ihm mangels Geldes seine mindestens 100 M. werthe goldene Uhr, damit er sie verkaufe und den Erlös als Darlehn behalte. Auf dem Wege zum Uhrenhändler wird dem A. die Uhr gestohlen. Kann B. mit der Darlehnsklage 100 M. erlangen?

197. Ein sechsjähriger Knabe wird in Folge grober Nachlässigkeit seiner Wärterin von einem vorüberfahrenden Bierwagen erfaßt und überfahren. Kann sein Vater gegen sie auf Schadensersatz klagen? Kann, wenn der Knabe in ein Krankenhaus gebracht worden ist, dessen Vorstand von ihr Erstattung der Verpflegungskosten verlangen?

198. A. hat von B. 1000 M. auf Grund eines rechtskräftigen Urtheils zu fordern, bisher aber die Zwangsvollstreckung ohne Erfolg versucht. C., ein wohlhabender Schuldner B.'s in Höhe von 600 M., erfährt davon. Um für sich einen Vortheil zu erlangen, begiebt er sich zu A. und sagt zu ihm: Ich bin bereit Dir einen solventen Schuldner B.'s nachzuweisen, dessen Forderung Du pfänden und Dir zur Einziehung überweisen lassen kannst; ich verlange aber dafür, daß Du mir einen Theil jener Forderung als Vergütung überläßt. A. ist erfreut, daß er auf diese Weise wenigstens theilweise befriedigt werden soll, und geht auf den Vorschlag ein. Hierauf sagt ihm C., daß er der Schuldner sei. Kann er auf Grund jenes Abkommens dem A. einen Abzug machen und in welcher Höhe?

199. Die Köchin A. hatte bei dem Restaurateur B. sechs Monate in Dienst gestanden und bei ihrer Entlassung von ihm auf ihr Verlangen ein Zeugniß über ihre Leistungen erhalten, worin gesagt war: „Die A. leistet als selbstständige Köchin zu wenig." Sie behauptet, daß sie in Folge dieses Zeugnisses drei Monate lang keine anderweitige Stellung habe finden können, und beansprucht von B. Schadensersatz. B. bestreitet seine Verpflichtung dazu überhaupt und sodann um deswillen, weil das Zeugniß der Wahrheit entsprochen habe. Ist hier ein Schadensersatzanspruch gegeben? Bejahenden Falls: wie ist die Beweislast zu vertheilen?

200. A. hat den Inseratentheil der in seinem Verlage erscheinenden Wochenschrift „Alldeutschland" dem B. auf 5 Jahre zur Einrückung von Inseraten gegen einen für jede Nummer zu zahlenden Pauschalbetrag überlassen. Was für ein Vertrag liegt vor?

201. Der Kläger, ein Bilderhändler, behauptet, daß die Beklagte bei ihm ihr Oelportrait nach übergebener Photographie zum Preise von 250 M. bestellt habe. Die Beklagte macht geltend, daß außerdem verabredet worden, sie sollte mindestens zweimal zu dem Portrait sitzen. Der Kläger bestreitet dies und beruft sich auf das Gutachten von Sachverständigen, daß die Beklagte ein besseres Portrait für den bedungenen Preis nicht verlangen könnte, und daß es nicht anders geworden wäre, wenn sie persönlich dazu gesessen hätte.

202. A. hat sich im Berliner Theater auf einem Parketsitz an einem vorspringenden Nagel den Rock zerrissen. Er nimmt den Theaterunternehmer auf Schadensersatz in Anspruch. Dieser wendet ein, A. hätte sich vor dem Hinsetzen den Sitz ansehen sollen, dann hätte er den Unfall vermeiden können. Außerdem könne er keinen Anspruch an ihn erheben, denn er habe, wie nicht streitig, das Billet von B. geschenkt bekommen, stehe also mit ihm in keinerlei Vertragsverhältniß. — Wie ist der Fall zu beurtheilen, wenn B., ein bekannter Schriftsteller, das Billet seinerseits von dem Beklagten aus Freundschaft umsonst erhalten und es dem A. geschenkt hätte?

203. A. in Kassel läßt sich bei dem Schneider B. in Berlin, der auch den Stoff hergiebt, einen Frack für 140 M. machen. Als dieser bei ihm eintrifft, findet er ihn am Halse und im Rücken zu weit. Er schreibt dem B., daß er den Frack wegen der erwähnten Mängel nicht gebrauchen könne und nicht abnehme, aber des Beweises halber bis zur Vorlegung an einen Sachverständigen behalte. Nach Ablauf eines Jahres klagt B. auf Zahlung des Preises. A. verlangt Rückgängigmachung des Vertrags, eventuell Minderung um die Hälfte.

204. Der Gerichtsvollzieher A. in Berlin hatte den Droschkenkutscher B. zu einer längeren Fahrt innerhalb der Stadt engagirt, auf der er Zustellungen, Protesterhebungen und Zwangsvollstreckungen zu besorgen gedachte. Er war bereits mehrere Male aus der Droschke unter Zurücklassung der entbehrlichen Sachen ausgestiegen, um seine Dienstgeschäfte zu erledigen, und hatte bei der Rückkehr sie sämmtlich wieder vorgefunden. Das veranlaßte ihn auch, seinen Mantel, den er wegen der zunehmenden Tageswärme ablegen wollte, bei dem nächsten Verlassen der Droschke in dieser liegen zu lassen. Als er jetzt nach Erledigung einer Zustellung die Droschke bestieg, vermißte er sofort seinen Mantel. Der Kutscher erklärte, den müsse wohl Jemand gestohlen haben; er habe sich um die zurückgebliebenen Sachen nicht gekümmert, sondern auf sein Pferd geachtet. A. nimmt den B. auf Ersatz des Mantels in Anspruch. Wäre es von Einfluß, wenn A. dem B. vor dem Verlassen der Droschke gesagt hätte, er solle auf den Mantel aufpassen?

205. A. hat sich vertraglich verpflichtet, den Schornstein des B. gegen eine vierteljährliche Vergütung von 9 M. zu kehren. Im 3. Quartale kehrt er den Schornstein so mangelhaft, daß B. ihn von C. nochmals reinigen läßt und hierfür 5 M. aufwenden muß. B. zahlt indeß die 3. Quartalsrate und weigert sich erst, als A. Vergütung für das 4. Quartal verlangt, mehr als 4 M. zu bezahlen; er hält sich im Hinblick auf den ihm von A. zugefügten Schaden zum Abzuge von 5 M. für berechtigt.

206. A. läßt sich in seinem Hause von dem Maler B. portraitiren. Für das fertige Bild ist ein Preis von 2000 M. vereinbart. Nachdem das Bild nahezu fertig war, brennt das Haus des A., von einem Blitzstrahle getroffen, ab, und das Bild geht zu Grunde. Welchen Anspruch hat B. an A.?

207. Die A. verspricht dem Heirathsvermittler B. für den Nachweis der Gelegenheit zur Eingehung einer Ehe 1000 M. B. weist ihr den C. nach. Die A. verlobt sich mit C. und zahlt dem B. 1000 M. Nachher empfindet sie Reue und löst die Verlobung. Kann sie die 1000 M. von B. zurückverlangen?

208. A. hat dem B. im Jahre 1899 schriftlich eine Provision von 1000 M. versprochen, falls er ihm eine Frau mit einer Mitgift von 100000 M. verschafft. Nachdem dies dem B. im Jahre 1900 gelungen ist, beansprucht er von A. Zahlung der 1000 M. A. weigert sich unter Hinweis auf § 656 B.G.B. B. meint, daß ihm Art. 170 E.G. z. B.G.B. zur Seite stehe.

209. A. spielt in der auf vier Klassen berechneten Lotterie das Loos Nr. 310 und erklärt dem B. auf dessen vor der Ziehung der ersten Klasse geäußertes Verlangen, an dem Loose zur Hälfte betheiligt zu werden, daß er dies gegen Zahlung des Beitrags thun wolle. B. zahlt ihm hierauf den ersten Beitrag, nicht aber die Beiträge zu den anderen Klassen, die auch B. von ihm nicht gefordert hatte. Das Loos bleibt in den Händen des A. und kommt in der vierten Klasse mit einem erheblichen Gewinne heraus. Nun verlangt B. von A. gegen Zahlung seiner übrigen Beiträge sammt Zinsen von der Zeit ihrer Aufwendung an die Hälfte des Gewinns herausgezahlt. A. lehnt mit der Begründung ab, daß B. durch Nichtzahlung des Antheils an den Einsätzen zu den späteren Klassen seines Theilnehmerrechtes verlustig gegangen sei. B. hält das für ausgeschlossen, weil er nur durch eine Mahnung hätte in Verzug gerathen können.

210. Ein Rechtsanwalt hat bei Ertheilung eines von ihm in einer Hypothekenangelegenheit verlangten juristischen Rathes ein grobes Versehen begangen, durch welches der berathene A. einen Schaden von 1000 M. erlitten hat. Der Rath ist unentgeltlich ertheilt. Kann A. vom Rechtsanwalt Schadensersatz beanspruchen?

211. A. hat dem B. eine Wohnung für die Zeit vom 1. April 1900 bis dahin 1902 vermiethet, B. hat sie aber nicht bezogen und erklärt, daß er sie nicht beziehen wolle. Darauf hat A. die Wohnung vom 1. Oktober 1900 ab an C. vermiethet. C. hat jedoch nur unter der Bedingung gemiethet, daß er schon am 1. September einziehen dürfe, ohne für diesen Monat eine Entschädigung zahlen zu müssen. Demnächst ist C. am 1. September eingezogen. A. verlangt von B. Zahlung des Miethszinses für sechs Monate, B. will den letzten Monat nicht bezahlen, weil A. seiner Vorleistungspflicht nicht nachgekommen ist. Wer ist im Rechte? — Gesetzt A. hätte an C. theurer als an B. vermiethet, wem gebührt der Ueberschuß?

212. A. ist in der Referendarprüfung durchgefallen. Er beschließt sich in Amerika der Landwirthschaft zu widmen und, da er hierzu seine aus mehreren gebräuchlichen Kompendien bestehende juristische Bibliothek nicht nöthig hat, diese seinem Studienfreunde B. zu schenken. Auf dem Hamburger Bahnhofe in Berlin übergiebt er die Bücher dem Dienstmanne C. mit dem Auftrage, sie dem B. hinzutragen und lohnt ihn dafür ab. Zugleich macht er in einer Abschiedskarte dem B. von seiner „letztwilligen Verfügung" und der Beauftragung des Dienstmanns C. Mittheilung. C. trifft mit den Büchern nicht ein; er hat an ihrer Lektüre Gefallen gefunden und sie seiner Bibliothek einverleibt. Nach einigen Monaten braucht sie B. nothwendig zur Vorbereitung auf das Examen und fragt, ob er gegen C. auf Herausgabe der Bücher klagen könne.

213. Ein Kind ist aus Berlin seinen Eltern nach Potsdam entlaufen. A., der zufällig in Geschäften nach Potsdam reist, trifft dort das ihm bekannte Kind und bringt es den Eltern bei seiner Rückkehr nach Berlin mit zurück. Die Eltern hatten auf die Wiederbringung des Kindes eine Belohnung im Lokalanzeiger ausgesetzt. Kann A., der hiervon erst nachträglich Kenntniß erlangt hat, diese, sowie Ersatz der Reisekosten für sich und das Kind verlangen?

214. A. stiehlt dem B. eine kostbare Uhr und übergiebt sie dem C. zur unentgeltlichen Aufbewahrung. Nach einiger Zeit verlangen sowohl A. wie B. die Rückgabe der Uhr. Kann C. diese dem Diebe verweigern und darf er die Uhr an B. herausgeben?

215. A. hat dem B. einen eisernen Kasten zur Verwahrung übergeben. B. hat ihn, da er ihn anderweit nicht unterbringen konnte, in den Keller gestellt. Bei der Rückgabe ist der Kasten vollständig verrostet. A. beansprucht von ihm Entschädigung. Was hat er zu beweisen?

B. hat, um ein weiteres Einfressen des Rostes zu verhüten, den Kasten durch einen Schlosser vom Rost befreien und an einen andern Ort bringen lassen; welches Recht hat er wegen der aufgewendeten Kosten und wie macht er es geltend?

216. Der Cigarrenhändler A. schickt dem Referendar B. ohne Bestellung im Sommer einige Kisten Cigarren mit einer über 50 M. lautenden Rechnung zu. Das Dienstmädchen nimmt sie in Empfang und stellt sie auf den Kaminsims. Da B. die Cigarren nicht bestellt hat, läßt er sie ruhig dort stehen. Im Dezember erinnert A. an Zahlung. B. schreibt ihm, er solle sich die Cigarren abholen; sie seien nicht bestellt worden und stünden seit dem Tage ihrer Ankunft noch unberührt auf demselben Platze. A. geht zu B. und erklärt nach Besichtigung der Cigarren, daß sie durch die Hitze völlig werthlos geworden seien. B. meint, das ginge ihn nichts an; er sei weder Besitzer noch Verwahrer noch träfen ihn sonstige Pflichten. A. klagt hierauf gegen B. auf Zahlung von 50 M. als Kaufpreis oder Schadensersatz.

217. A. hat bei B. 1000 M. hinterlegt. Der von A. in einem Erbvertrage eingesetzte Erbe C. verlangt klagend Zurückgabe des hinterlegten Betrags. B. weigert sich, weil A. seinen einzigen ehelichen Sohn übergangen habe und dieser demnächst Anspruch auf den Nachlaß erheben werde. Ist B. zur Hinterlegung berechtigt?

218. A. hat am 1. April bei B. 100 M. hinterlegt. Am 1. Juli gestattet er ihm auf seine Bitte sie zu verbrauchen. Tags darauf, noch ehe B. von der Erlaubniß Gebrauch gemacht und das Geld sich angeeignet hat, gehen sie bei einer Feuersbrunst zu Grunde. Steht dem A. die Darlehns- oder eine sonstige Klage zu? — Würde es auf die Entscheidung von Einfluß sein, wenn die Erlaubniß gleich bei der Niederlegung ertheilt und der Untergang vor der Aneignung des Geldes eingetreten wäre?

219. A. bittet seinen Freund B., ihm zum Ankaufe von Grundstücken seinerzeit ein Darlehn von 100000 M. zu geben. B. ist hierzu bereit, muß aber, bevor es zum Abschluß des Kaufes kommt, verreisen und übergiebt deshalb dem A. die 100000 M. mit der Ermächtigung, sie zur Bezahlung des Kaufpreises zu verwenden. Kurz nach der Niederlegung werden dem A. 50000 M. gestohlen. Dessenungeachtet klagt B. später 100000 M. als Darlehn ein. Ist seine Klage begründet?

220. A. kehrt am Morgen in dem Hotel des B. ein und bringt einen Ueberzieher mit. Gegen Mittag geht er im Ueberzieher aus. Abends vermißt er ihn. Er macht davon dem B. unverzüglich Anzeige. Da sich der Ueberzieher nicht findet, klagt A. auf Schadensersatz. B. behauptet, daß A. den Ueberzieher von dem Ausgange nicht in das Hotel zurückgebracht habe. A. bestreitet es. Wen trifft die Beweislast?

221. A. hat für die Fahrt von Berlin nach Köln einen Platz im Schlafwagen der internationalen Schlafwagengesellschaft, welche ihren Gästen während der Fahrt auch Beköstigung gegen Bezahlung gewährt, gemiethet. Wie er am Morgen in Köln erwacht, bemerkt er, daß ihm in der Nacht seine goldene Uhr im Werthe von 500 M. gestohlen worden ist. Er verlangt von der Gesellschaft Ersatz. Diese macht geltend: sie sei nicht Gastwirth, noch habe sie mit ihm einen Miethsvertrag geschlossen; vielmehr stelle sich der Vertrag als ein Transportvertrag dar, indem sein wesentlicher Zweck gewesen sei, den A. gegen eine Preiserhöhung in behaglicherer Weise von Berlin nach Köln zu bringen.

222. Der Geschäftsreisende A. macht am Abende bei dem Gastwirthe B. eine große Zechschuld. Da er am anderen Tage abreisen wollte, läßt ihm B. früh Morgens durch den Kellner die Rechnung auf das Zimmer bringen. A. erklärt, daß er gestern seine Baarschaft im Kartenspiele verloren habe und nur noch soviel besitze, um weiter zu reisen, daß er aber von dem nächsten Ort aus das Geld einschicken werde. B. nimmt hierauf den dem Reisenden von seinem Prinzipale mitgegebenen Musterkoffer und die Kleider und Schuhe des Reisenden an sich. Dieser vermochte erst am nächstfolgenden Tage Geld von dritter Seite aufzutreiben. Er nimmt den Gastwirth auf Ersatz des ihm durch die Verzögerung der Abreise entstandenen Schadens in Anspruch, wogegen sich dieser auf sein gesetzliches Pfandrecht beruft.

223. A. und B. verabreden mit einander, ein Loos der in vier Klassen gezogenen Wohlfahrtslotterie in der Weise gemeinschaftlich zu spielen, daß A. davon mit $^1/_5$, B. mit $^4/_5$ betheiligt ist. A. zahlt dem B. sofort seinen Beitrag für sämmtliche Klassen aus. B. giebt, ohne hiervon dem A. etwas zu sagen, von seinen vier Fünfteln dem C. $^3/_5$ ab und händigt ihm das

Loos ein. Es wird in der vierten Klasse mit 10000 M. gezogen. A. beansprucht von B. Zahlung der 2000 M. Dieser bittet um Abweisung der Klage, weil kein Gewinn gemacht sei. C. hat nämlich, wie A. nicht bestreitet, die Erneuerung des Looses zur vierten Klasse vergessen, und B. hat sich vergeblich bemüht, das inzwischen in andere Hände übergegangene Loos wieder zu erwerben.

224. X. verklagt die aus A., B. und C. bestehende Gesellschaft auf Zahlung des Kaufpreises für ein geliefertes Pferd. Kann diese mit einer ihrem Gesellschafter A. zustehenden Darlehnsforderung an X. aufrechnen? Darf A. es thun, wenn X. ihn wegen der Gesellschaftsschuld in Anspruch nimmt? Ist X. zur Aufrechnung befugt, wenn er von A. wegen des Darlehns belangt wird?

225. Der Gesellschafter A. schuldet dem Schneider X. 100 M. für einen Anzug. Auf Zahlung belangt will er mit einer Forderung aufrechnen, die der aus A., B. und C. bestehenden Gesellschaft gegen X. zusteht. Kann er das? Kann er es, wenn er geschäftsführender Gesellschafter ist und seine Gesellschafter ihm erlaubt haben, daß er die Gesellschaftsforderung im Namen der Gesellschaft an sich abtrete?

Ist X. zur Aufrechnung befugt, wenn er von der Gesellschaft verklagt wird?

226. X. ist Darlehnsgläubiger des Gesellschafters A. Er will ein diesem gehöriges Bärenfell, welches von A. der aus A., B. und C. bestehenden Gesellschaft unentgeltlich zum Gebrauch überlassen ist und von ihr als Wanddekoration benutzt wird, pfänden lassen. Ein Rechtsanwalt räth ihm aber, sich keine unnöthigen Kosten zu machen, weil die Pfändung nach § 719 B.G.B. unzulässig sei. Ist das richtig?

227. Der aus A., B. und C. bestehenden Gesellschaft war der Nießbrauch an einem dem X. gehörigen Grundstücke bis zur Tilgung einer ihr gegen diesen zustehenden Forderung bestellt worden. Die Gesellschaft verfiel in Konkurs. Das Grundstück war inzwischen an Y. verkauft worden. Da er sich weigert, das Nießbrauchsrecht anzuerkennen, klagt der Konkursverwalter gegen ihn auf Anerkennung des Rechts für die Dauer des wider die Gesellschaft anhängigen Konkursverfahrens. Ist die Klage begründet?

228. Der Bankier A. nimmt den B. als Kassirer an, nachdem sich C. bei ihm wegen etwaiger Kassendefekte unter Verzicht auf die Rechtswohlthaten eines Bürgen verbürgt hatte. Hierauf unterschlägt B. dem A. 1000 M. A. verzeiht ihm die Unterschlagung und behält ihn weiter in seinem Geschäfte. Dem C. macht er von dem Vorfalle keine Mittheilung. Nach einem halben Jahre unterschlägt B. wiederum 1000 M. Jetzt beansprucht A. von C. 2000 M. C. weigert sich, irgend etwas zu zahlen, weil A. ihn von der ersten Unterschlagung nicht benachrichtigt hat.

229. Der aus den Kaufleuten A., B. und C. bestehende Arbeitsausschuß einer Gewerbeausstellung nimmt den X. auf Grund folgenden Garantiescheins in Anspruch:

> Ich zeichne zum Garantiefonds der Gewerbeausstellung 1000 Mark und erkläre die Kaufleute A., B. und C. in ihrer Eigenschaft als Arbeitsausschuß für berechtigt, mich wegen des gezeichneten Betrages in Anspruch zu nehmen, sobald sich ein Fehlbetrag bei dem Unternehmen ergiebt.
>
> Nach Aufstellung der Schlußrechnung des Unternehmens soll der Gesammtvorstand der Ausstellung befugt sein, die gezeichneten Beträge durch den Arbeitsausschuß einzufordern.

Nach Schluß der Aufrechnung legt der Arbeitsausschuß dem Gesammtvorstande die Schlußrechnung, und dieser beschließt im Hinblick darauf, daß ein Fehlbetrag von 1 Million nachgewiesen und ein Garantiefonds von 2 Millionen vorhanden ist, von jedem Garanten 50 % einzufordern.

Der auf Zahlung belangte Garant X. weigert sich zu zahlen, weil nur der Gesammtvorstand zur Klage legitimirt sei, eventuell, weil hier eine unverbindliche Schenkung vorliege, eventuell um deswillen, weil die Schlußrechnung ihm oder doch der Gesammtheit der Zeichner hätte gelegt werden müssen, da die Zeichner die wahren Geschäftsherren seien.

230. A. hat im Skat 100 M. an B. verloren und unter Verzicht auf den Einwand des Spiels dem B. einen Schuldschein in Höhe von 100 M. ausgestellt. C. hat schriftlich die Bürgschaft dafür übernommen. Auf die Klage B.'s wendet C. ein, daß die Bürgschaft wegen Nichtigkeit der Hauptverbindlichkeit unwirksam sei.

231. A. in X. hat sich für B. in Y. bei C. verbürgt. B. hatte mit C. verabredet, daß, falls es wegen der Hauptverbindlichkeit zum Prozeß komme, das Amtsgericht in Z. zuständig sein solle. Nachdem B. nach Amerika ausgewandert war, verklagt C. den A. bei dem Amtsgericht in

X. Dieser wendet Unzuständigkeit des Gerichts ein; er habe Anspruch darauf, in Z. verklagt zu werden.

232. A. in X. hat sich für eine Schuld des B. in Y. gegenüber C. in Z. selbstschuldnerisch verbürgt. C. fordert beide gleichzeitig zur Zahlung auf und erhält sie von beiden. Wer von ihnen kann gegen C. eine Kondiktion anstellen? Kann A. von B. Erstattung verlangen, auch wenn seine Zahlung bei C. erst später als die A.'s eingetroffen ist?

233. Der Buchhalter A. unterschlägt seinem Prinzipal B. 10000 M. B. begiebt sich in Abwesenheit A.'s in dessen Wohnung und erhält von der Ehefrau und dem großjährigen Sohne je 2000 M. ihnen gehöriger Berliner Stadtobligationen zur Deckung der unterschlagenen Summe unter der Bedingung ausgehändigt, daß A. nicht strafrechtlich verfolgt werde. Auf eine Anzeige des dem A. feindlich gesinnten Hausdieners X. wird indeß gegen A. ein Strafverfahren eingeleitet, das ihm eine längere Gefängnißstrafe einträgt. Nunmehr klagen seine Ehefrau und sein Sohn auf Herausgabe der Berliner Stadtobligationen, eventuell Ersatz ihres Werthes.

234. A. ist Vormund der minderjährigen B. Diese hat am 1. April ein Kind geboren und es gegen eine von ihr zugesagte monatliche Vergütung von 20 M. der C. in Pflege gegeben. Nach dem am 15. Juli erfolgten Tode des Kindes hat die B., wiederum ohne Zuziehung ihres Vormundes, sich verpflichtet, der C. die rückständigen Alimente im Betrage von 70 M. in monatlichen Raten von 5 M. vom 1. August an zu bezahlen. Von dieser Abrede hat die C. den A. in Kenntniß gesetzt. A. hat ihr darauf erklärt: „Sie können sich wegen des Geldes an mich halten." Ist damit für die C., die von der inzwischen flüchtig gewordenen B. kein Geld erhalten hat, ein klagbarer Anspruch gegen A. entstanden?

235. A. hat in einem schriftlichen Vertrage gegenüber B. anerkannt, diesem aus verschiedenen Darlehns- und Kaufgeschäften 10000 M. zu verschulden und sich verpflichtet, die Schuld bei dem Eintritte besserer Vermögensverhältnisse zu bezahlen. Nach einigen Jahren klagt B. auf Zahlung dieser Summe mit der Behauptung, die Vermögensverhältnisse A.'s hätten sich gebessert; er habe nämlich vor einigen Wochen in der Lotterie 100000 M. gewonnen und beziehe als Angestellter in einem Patentbureau ein Jahreseinkommen von 3000 M. A. bestreitet unter Hinweis darauf, daß er noch andere ehemalige Gläubiger zu befriedigen und eine aus fünf Köpfen bestehende Familie zu ernähren habe, zur Nachzahlung ohne Un-

bequemlichkeiten im Stande zu sein. — Muß B., um mit der Klage durchzudringen, nachweisen, daß der Beklagte keine anderweitigen Schulden habe und ohne Beeinträchtigung des unentbehrlichen Lebensbedarfs für sich und seine Familie ihn befriedigen könne? Ist A. mit dem Eintritte der besseren Vermögensverhältnisse in Verzug gerathen?

236. A. hat aus entschuldbarem Irrthum und ohne jede Verpflichtung seinem Schuldner B. die Schuld erlassen. Nachdem er seines Irrthums inne geworden war, klagt er auf Zahlung der erlassenen Summe, ohne den alten Schuldgrund darzulegen.

237. A. hebt auf sein Guthaben bei dem Bankier B. 400 M. ab. Er erhält eine verschlossene Rolle, auf welcher der Vermerk steht: „400 Mark in Gold; beim Empfange zu zählen." A. quittirt indeß, ohne nachzuzählen, und findet erst, wie er die Rolle zu Hause öffnet, daß ein Zwanzigmarkstück fehlt. Hat er eine Klage gegen B.? Was muß er beweisen?

238. A. hat ein ihm von B. verpfändetes Pferd an C. für 100 M. verkauft. D., der wahre Eigenthümer des Pferdes, hat es mit Erfolg dem C. abgestritten. An wen kann sich C. wegen des Kaufpreises halten?

239. Auf dem Bahnhofe der Gemeinde X. hat ein Zug mit russischen Auswanderern einen einstündigen Aufenthalt. Es befinden sich darin eine Mutter mit einem schwerkranken Kinde. Der Stationsvorsteher wird von dritten Personen auf den Zustand des Kindes aufmerksam gemacht und entsendet einen Unterbeamten zum Bahnarzte mit dem Bemerken, daß schnellste Hilfe nöthig sei. Der Unterbeamte trifft den Bahnarzt nicht an und geht deshalb zu einem in der Nähe wohnenden anderen Arzte, dem er mittheilt, daß ein schwerkrankes Kind auf dem Bahnhofe sei, daß er den Bahnarzt nicht angetroffen habe und deshalb zu ihm komme.

Der Arzt begiebt sich sofort auf den Bahnhof und findet das Kind todt. Der Stationsvorsteher erhält erst jetzt Kenntniß von der Zuziehung des Arztes.

An wen kann sich der Arzt wegen eines Honorars halten? Eventuell, welcher Regreß ist unter den Betheiligten statthaft?

240. A. hat gegen B. ein vollstreckbares Urtheil wegen 100 M. und beauftragt den Gerichtsvollzieher C. mit der Pfändung. Dieser findet als einzigen pfändbaren Gegenstand ein Pianino, das der hinzukommende Hochschüler D. als sein Eigenthum in Anspruch nimmt. Da sich C. dadurch von der Pfändung nicht abhalten lassen will, händigt ihm D. 100 M. unter der Bedingung ein, daß er sie nicht an A. zahle, sondern hinterlege. C. verspricht zwar die Hinterlegung, zahlt aber trotzdem das Geld dem A. aus. Kann D. es von A. kondiziren? Hat er einen Anspruch an C.?

241. A. ließ wegen einer rechtskräftigen Forderung von 200 M. bei seinem Schuldner B. einen Teppich pfänden, der in der Zwangsversteigerung nur 8 M. Erlös brachte und zur Deckung der sich auf 9,20 M. belaufenden Zwangsvollstreckungskosten nicht hinreichte. B. hatte den Teppich für 50 M. von C. gekauft mit der Abrede, daß C. bis zur vollständigen Berichtigung des in Raten von 5 M. zu zahlenden Kaufpreises Eigenthümer des Teppichs bleiben sollte. Unstreitig sind bisher erst 25 M. gezahlt. C. nimmt nunmehr den A. auf Herausgabe des Erlöses von 8 M. in Anspruch. A. weigert sich dessen mit der Begründung, daß die Zwangsvollstreckungskosten in allen Fällen von dem Erlöse in Abzug gebracht werden müßten, weil sie nothwendig seien, um den Erlös behalten zu können; vorliegend aber sei er durch die Zwangsvollstreckung nicht nur nicht bereichert, sondern um 1,20 M. geschädigt. Kläger könne froh sein, daß er ihn nicht wegen dieses Schadens im Wege der Widerklage belange. C. hingegen meint, daß zunächst A. für die Kosten der Zwangsvollstreckung aufzukommen habe und daß er daher insoweit bereichert sei, als er hiervon durch Verrechnung des Erlöses befreit werde. Wer ist im Rechte?

242. A. schuldet dem B. 1000 M C. bittet den A., ihm diese 1000 M. als ein Darlehn des B. zu geben, da B., der sie ihm sonst geliehen hätte, verreist sei. A. thut es in der Erwartung, daß B. nach seiner Rückkehr es genehmige nwerde. B. versagt jedoch die Genehmigung. Welche Klage hat A. gegen C.? Muß A. zur Begründung der Klage beweisen, daß B. nicht genehmigt habe, oder liegt dem C. der Beweis für die Genehmigung B.'s ob?

243. A. hat dem B. ein Zehnmarkstück gestohlen, sich dafür ein Loos gekauft und auf dieses 5000 M. gewonnen. B. verlangt die 5000 M. heraus. —

A. hat dem B. einen Papagei gestohlen und ihn an einen Liebhaber für mehr als den doppelten Werth verkauft. B. beansprucht den von A. erzielten Preis.

244. Einem Sammler von Violinen wird eine kostbare Violine gestohlen. Der Dieb veranstaltet Konzerte — eins davon zu Wohlthätigkeitszwecken —, wobei er auf der gestohlenen Violine spielt. Der Bestohlene belangt ihn auf Herausgabe der Violine und der Einnahmen aus den Konzerten, sowie auf Erstattung einer für die Entdeckung des Diebes ausgesetzten Belohnung.

245. A. schuldet dem B. aus einem Hazardspiele 1000 M., zahlbar am 1. Juli. Im Mai wird A. wegen Geistesstörung in eine Nervenheilanstalt gebracht. Sein Bruder ordnet seine Angelegenheiten und bezahlt die Spielschuld. Als A. im November geheilt aus der Anstalt zurückkehrt, kondizirt er von B. den gezahlten Betrag, indem er sich darauf beruft, daß sein Bruder keinen Auftrag gehabt habe, ihn zu vertreten, und daß er die Zahlung nicht genehmige.

246. A. in X. hat seinem Freunde B. daselbst 1000 M. übergeben, damit er mit diesen in Berlin, wohin er gerade reiste, für ihn Werthpapiere kaufe, Hiervon giebt B. 200 M. aus. Die übrigen 800 M. hatte er in einem besonderen Theile seines Portemonnaies, worin außerdem noch 8 M. lagen, bei sich, als sie ihm vom Gerichtsvollzieher im Auftrage C.'s, eines seiner Gläubiger, abgepfändet wurden. A. begehrt von C. Herausgabe der 800 M., wogegen dieser einwendet, daß er nur erhalten habe, was ihm zugekommen wäre.

247. A. hat einen Theil seines Grundstücks dem B. verkauft und aufgelassen. Gleichwohl wird versehentlich von A. seit mehreren Jahren die Grundsteuer sowohl für sein eigenes Gründstück als auch für das an B. verkaufte eingezogen. Er zahlt in der irrigen Annahme, zur Zahlung verpflichtet zu sein. Später erfährt er, daß er für das Grundstück des B. nicht hätte zu zahlen brauchen, sondern daß B. dies hätte thun müssen. Zu welcher Klage und gegen wen ist dem A. zu rathen? Wie kann er dem Einwande des B., daß einige Raten bereits verjährt seien und diese daher auch der Fiskus von ihm, B., nicht fordern könnte, begegnen?

248. Ein Grundstück ist im Wege der Zwangsversteigerung verkauft. Der Gläubiger A. hat seinen Anspruch nicht angemeldet und ist demzufolge bei der Vertheilung nicht berücksichtigt worden. Dadurch haben die Gläubiger B., C. und D. 3% mehr erhalten. A. klagt gegen sie auf Herausgabe dieser 3%.

249. A. übersendet seinem Gläubiger B. am 20. April eine Darlehnsschuld von 20 M., ohne zu wissen, daß B. die Forderung bereits am 18. April an C. abgetreten hatte. Dieser macht dem A. im Mai vorschriftsmäßig die Abtretung bekannt, verklagt ihn, erwirkt ein Versäumnißurtheil und treibt nach dessen Rechtskraft die 20 M. für sich im Wege der Zwangsvollstreckung bei.

A. belangt nunmehr den B. auf Herausgabe der ihm am 20. April überschickten 20 M. Wird er mit der Klage durchdringen?

250. A. in X. ist in Konkurs gerathen; dieser ist durch einen Zwangsvergleich mit 20% beendet. Zwei Konkursgläubiger B. und C. wohnen in Y. B. hatte 100 M., C. hatte 20 M. als Vergleichsquote zu fordern. A. versendet das Geld mittels Postanweisung und versieht sich bei der Adressirung. Auf diese Weise erhält C. 100 M. Er fordert von C. 80 M. zurück. C. weigert sich, weil seine Forderung vor dem Zwangsvergleiche 100 M. betragen und er somit nur diese bezahlt erhalten habe. — Wie ist der Fall zu beurtheilen, wenn der Irrthum A's. darin bestanden hat, daß er annahm, B. habe 20 M. und C. habe 100 M. zu fordern, und wenn er auf Grund dieses Irrthums das Geld abgesandt hat?

251. Der Postsekretär A. in X. schuldet dem Kaufmann B. in Y. 500 M. Auf Grund der von ihm verübten Fälschung einer Postanweisung und verschiedentlicher Eintragungen zahlt die Post in Y. dem B. 500 M. aus. Nach einigen Wochen wird der Sachverhalt entdeckt, und der Postfiskus verlangt von B. Rückerstattung der 500 M. nebst Zinsen seit dem Tage der Auszahlung. B. macht geltend, daß er nur empfangen habe, was ihm A. schuldig gewesen sei. Zu einer Verzinsung des Geldes hält er sich in keinem Falle für verpflichtet, weil er es mangels einer geeigneten Gelegenheit zur zinsbaren Anlegung bisher zinslos in seinem Geldschranke hat liegen lassen.

252. A. hat an den Gemeinschuldner B. eine Forderung von 1000 M. Der Konkurs wird durch Zwangsvergleich mit 50% beendet. B. zahlt irrthümlich 800 M. und kondizirt nun 300 M. Ist die Zurückforderung begründet?

253. A. hat dem B. in notarieller Urkunde 1000 M. zu einer Studienreise nach Griechenland versprochen, wenn er das Doctorexamen summa cum laude bestehe. Einige Zeit darauf liest A. in der Zeitung, daß der Candidat der Philologie B. summa cum laude zum Doctor promovirt worden ist. Er sendet ihm darauf mittels Postanweisung 1000 M. B. tritt unverzüglich die längst ersehnte Studienreise an und bedankt sich von Athen aus bei A., daß er ihm die Vollendung seiner Doctorarbeit durch die Ermöglichung von Studien an Ort und Stelle erleichtert habe. A. wird dadurch stutzig und erfährt zu seinem Aerger, daß sich der Zeitungsbericht auf einen Namensvetter des B. bezogen hatte. Er fragt, ob er die 1000 M. zurückfordern könne?

254. A. will sich das Eigenthum an dem Grundstücke seines Vaters verschaffen. Er bestimmt den X., daß dieser sich für seinen Vater ausgiebt, und es gelingt ihnen vor dem Grundbuchamte die Auflassung an A. zu bewirken. Hierauf schenkt A. das Grundstück seiner gutgläubigen, ein Handelsgeschäft betreibenden Ehefrau. Kann A.'s Vater von ihr die Herausgabe des Grundstücks verlangen? Auch dann, wenn sie vor der Anstellung der Klage in Konkurs gerathen ist?

255. A. hat eine 200 M. werthe Kuh unentgeltlich, aber gutgläubig erworben und sie sodann dem A. für 300 M. verkauft und übergeben. Hat C., der wahre Eigenthümer, irgend einen Anspruch gegen A? Kann A. Abzüge machen wegen Verwendungen?

256. Dem A. wird eine Kiste mit 20000 M. Inhalt gestohlen. Er setzt eine Belohnung von 500 M. für Denjenigen aus, der den Dieb entdeckt und ihm das Geld wiederschafft. B. thut beides und erhält die Belohnung. Kann A. sie von dem Diebe ersetzt verlangen?

257. A. hat mit dem Eigenthümer des vor Anker liegenden Seeschiffes X. einen Frachtvertrag geschlossen. Dieses wird, noch bevor er es befrachtet, von dem Seeschiffe Y., dessen Eigenthümer B. ist, in Folge eines Verschuldens der Besatzung von Y. angerannt und dadurch reiseuntüchtig gemacht. A. muß den Frachtvertrag lösen und nimmt B. dieserhalb auf Schadensersatz in Anspruch. Ist die Klage begründet?

258. A. hat eine fiskalische Fichtenschonung mit brennender Cigarre durchstreift. Die Schonung ist gleich darauf in Brand gerathen. Der Fiskus fordert von dem Unvorsichtigen Schadensersatz. Wer ist beweispflichtig? Was muß bewiesen werden?

259. Einem, dem A. gehörigen werthvollen Bernhardinerhunde werden von der elektrischen Straßenbahn beide Hinterfüße völlig abgefahren. Heulend liegt der Hund, von einer Menge Zuschauer umgeben, auf dem

Straßendamm. Angesichts der entsetzlichen Verletzungen, die jede Hoffnung auf Heilung ausschlossen, zieht der des Weges kommende Kassenbote B. seinen Revolver und tödtet das Thier durch einen Schuß in's Ohr. A. verlangt von ihm als Schadensersatz 1000 M., weil soviel der Hund vor der Verletzung werth gewesen sei und durch diese für ihn, den A., an Werth nichts verloren habe. B. wendet ein, daß er das Thier lediglich aus Mitleid umgebracht, daß er es wegen seiner Verletzung für werthlos gehalten und daß es in seiner verstümmelten Gestalt einen gemeinen Werth überhaupt nicht gehabt habe. Er hält lediglich die Straßenbahngesellschaft für haftpflichtig.

260. Die B. hatte dem A. vier Hundertmarkscheine gestohlen und diese nebst 50 M. von ihrem eigenen Gelde bei der Sparkasse auf den Namen ihrer Mutter eingezahlt. Ein Jahr später starb die Mutter und wurde von der B. und ihren beiden Geschwistern C. und D. beerbt. A. klagt gegen B., C. und D. mit dem Antrage: einzuwilligen, daß von den eingezahlten 450 M. der Betrag von 400 M. an ihn ausgezahlt werde. — Ist es auf die Entscheidung von Einfluß, wenn die B. die Scheine vor der Einzahlung in Gold umgewechselt oder zunächst ausgeliehen und sodann das zurückgegebene Kapital sammt den 10 M. betragenden Zinsen eingezahlt hat?

261. Der Kaufmann A. verkauft am Sedantage entgegen einem Polizeigesetze, welches den Verkauf von Feuerwerkskörpern an Leute unter 18 Jahren verbietet, dem 12jährigen B. Raketen. Dieser brennt sie am Abend in Gemeinschaft mit anderen Knaben ab. Von einer niederfallenden Rakete wird C. am Arme verletzt. Er verlangt von A. Ersatz der Heilungskosten. A. wendet ein, daß er für die Handlung B.'s nicht haftbar sei; auch hätten die Knaben X. und Y. gleichfalls Raketen steigen lassen, und zwar theilweise solche, die sie sich bei D. gekauft; es stehe gar nicht fest, daß A. von einer aus seinem, B.'s, Geschäfte herrührenden Rakete getroffen worden sei.

262. Der Arbeiter A., Mitglied einer Krankenkasse, soll sich auf Verordnung des Kassenarztes einer Massagebehandlung bei dem von der Kasse zugelassenen Masseur B. unterziehen, der nach einer Vereinbarung mit dem Kassenvorstande für einmaliges Massiren in seiner Wohnung 1 M. erhält. A. zeigte die ärztliche Verordnung seinem Barbier C., der auch Masseur war und ihm sofort erklärte: er möge sich doch von ihm massiren lassen; es sei gleichgiltig, ob er, C., oder B. ihn massire; er, C., würde das schon mit B. abmachen. Daraufhin ließ sich A. von C. massiren. Gelegentlich der dritten Massage sagte ihm C. wahrheitswidrig, er habe mit B. gesprochen, dieser sei mit seiner Massage einverstanden. A. ist im Ganzen 30 mal von C. massirt worden. B. verlangt von C. 30 M. Schadensersatz, weil er ihn um diese 30 M. in seinem Gewerbe geschädigt habe.

263. Ein Schlächtermeister hat einen Laden für 1500 M. auf ein Jahr gemiethet mit der Klausel, daß der Vertrag stillschweigend um ein Jahr als verlängert angesehen werden solle, wenn er nicht drei Monate vorher von einer der Parteien gekündigt würde. Der Vermiether kündigt, erklärt aber, daß er bereit sei, dem Schlächtermeister den Laden auf weitere 3 Jahre zu überlassen, falls dieser ihm jährlich 2000 M. Miethe zahlen wolle. Dieser geht darauf nicht ein und bringt, theils wohl in der Absicht den Vermiether zu kränken, theils um seinen demnächstigen Auszug der Kundschaft bekannt zu geben und zu begründen, folgendes Plakat am Schaufenster an: „Wegen ungebührlicher Steigerung der Miethe verlasse ich dieses Lokal am 1. April und verlege mein Geschäft nach der X.straße Nr. 10." Der Vermiether klagt auf Entfernung des Plakats und Schadensersatz mit der Behauptung, daß er dadurch in seiner Ehre und in seinem Vermögen geschädigt werde. Das Plakat verfolge den Zweck, ihn als habsüchtigen Vermiether darzustellen und erschwere ihm damit gleichzeitig die anderweitige Vermiethung sowohl dieses Ladens als anderer leer stehender Wohnungen im Hause.

264. In einem Villenquartier der Stadt X. hatte sich eine Baugesellschaft gebildet, die Parzellen nur mit der als Servitut eingetragenen Verpflichtung verkaufte, daß der Käufer auf dem Grundstück nur eine Villa errichten und darin nicht ein geräuschvolles, die Luft verunreinigendes oder feuergefährliches Gewerbe betreiben dürfe. Ein Arzt baute in diesem Quartier im Villenstyl ein Krankenhaus mit Operations- und Sectionszimmern. Sein Nachbar klagt gegen ihn darauf, das Krankenhaus aufzuheben und in eine Villa zurückzuverwandeln. (Aus Kohler, im Archiv f. civ. Pr., Bd. 87 S. 157).

265. Der Rechtsanwalt A. erfährt, daß sein Büreauvorsteher B. bei seinem vorigen Prinzipale sich der Unterschlagung eines erheblichen Betrags schuldig gemacht hat. Gleichwohl behält er ihn in seinen Diensten. Eines

Tages kommt C., gegen den A. im Auftrage des D. ein rechtskräftiges Urtheil auf Zahlung von 1000 M. erstritten hatte, in das Geschäftslokal des A. und zahlt den genannten Betrag, da er den A. nicht antraf, an B., der über die Zahlung „für den Rechtsanwalt A." quittirte. B. unterschlägt die 1000 M. C. klagt hierauf gegen A. auf Befreiung von seiner Schuldverbindlichkeit gegen den D. A. wendet ein, daß C. an den zur Empfangnahme des Geldes nicht legitimirten B. nicht habe zahlen dürfen, und bittet um Abweisung der Klage.

266. Das Dienstmädchen A. wirft aus Bequemlichkeit den Kehricht, anstatt ihn in den Hof hinunterzutragen, in das Kloset. Dieses wird dadurch verstopft und ausbesserungsbedürftig. Der Hauseigenthümer fordert vom Dienstherrn Ersatz der Reparaturkosten. Kann dieser ihn an das Dienstmädchen verweisen? Wenn nicht, was muß er darthun, um sich von der Ersatzpflicht zu befreien?

267. In der Stadt X. ist die Treppenbeleuchtung in den Häusern nach Eintritt der Dunkelheit bis 10 Uhr Abends polizeilich vorgeschrieben. Der Hauseigenthümer A., welcher nicht in seinem Hause wohnt, macht mit seinen Miethern B., C., D. und E., welche jeder ein Stockwerk bewohnen, im Miethsvertrage aus, daß jeder die Treppe seines Stockwerks der Polizeiverordnung gemäß zu beleuchten habe. Am 3. Januar Abends um 7 Uhr begiebt sich die Ehefrau des im 4. Stockwerke wohnenden E. die Treppe hinunter, um einen Einkauf zu besorgen; das Stockwerk, für dessen Beleuchtung B. Sorge zu tragen hat, war finster; sie stürzt und bricht sich ein Bein. Nunmehr klagt sie und ihr Mann auf Ersatz der Kur- und Heilungskosten und Entschädigung wegen des der Ehefrau E. während der Krankheit entgangenen Arbeitsverdienstes (sie war Plätterin) und wegen ihrer für die Zukunft verminderten Erwerbsfähigkeit. A. beruft sich auf den mit B. geschlossenen Vertrag und macht außerdem geltend, daß die Lampe am Abende des 3. Januar angezündet, aber entweder durch einen Unbefugten oder durch einen Windstoß ausgelöscht worden sei. —

Würde der Fall irgendwie anders zu beurtheilen sein, wenn sich eine die E. besuchende Waschfrau das Bein gebrochen hätte?

268. A. hält sich zu seinem Vergnügen einen Raben, den er bei schönem Wetter im Freien umherfliegen läßt. Er weiß, daß der Rabe stiehlt. Eines Tages beobachtete der Rabe, der auf das Nachbarhaus geflogen war, wie der dort wohnende B. sich am offenen Fenster wusch und

dabei einen Brillantring auf das Fensterbrett legte. Durch den Glanz der Steine angezogen fliegt er heran, nimmt ihn in den Schnabel und fliegt, noch ehe B. es verhindern kann, mit dem Ringe auf und davon. Als es gelingt ihn einzufangen, hat er den Ring nicht mehr. Alles Suchen danach ist vergeblich. B. verlangt nunmehr von A. Ersatz des Ringes.

269. Ein dem A. gehöriger bissiger Hund zerreißt dem ruhig des Weges daher kommenden Lehrer B. den neuen Sommerüberzieher. B. verlangt Ersatz des Anschaffungspreises gegen Ueberlassung des Ueberziehers. A. meint, daß er nichts zu zahlen habe. B. sei selber an dem Umfalle Schuld. Bei einer Hitze von 28° R. habe er nicht nöthig gehabt einen Ueberzieher zu tragen. Eventuell will A. nur den Minderwerth ersetzen, weil sich das Loch so fein verstopfen lasse, daß Niemand es bemerken könne.

270. A. wird bei dem Verlassen des Stadtbahnzuges im Bahnhofe Friedrichstraße in Berlin mit einer nicht durchlochten Bahnkarte angetroffen und hat damit eine Strafe von 6 M. verwirkt. Der Eisenbahnfiskus klagt sie gegen ihn ein. Er verlangt Abweisung der Klage, weil der Schaffner am Bahnhof Alexanderplatz, wo er eingestiegen war, wie durch Zeugen festgestellt wird, die Karte zur Durchlochung in Empfang genommen, aber nicht durchlocht zurückgegeben hatte.

Drittes Buch.

Sachenrecht.

271. Der Vormundschaftsrichter A. hat den ihm vom Gemeindewaisenrathe vorgeschlagenen B. zum Pfleger der zukünftigen Descendenz des X. bestellt, welcher ein großes Vermögen angefallen war. Nach einiger Zeit berichtet der Waisenrath, daß er das Vermögen in der Hand des B. für gefährdet halte, weil dieser, wie er erfahren, ein Spekulant und Spieler sei. Daraufhin giebt A. dem B. auf, binnen zwei Wochen für das von ihm verwaltete Vermögen Sicherheit zu leisten. B. erwidert, er sei ein reicher Mann sei und lehne die verlangte Sicherheitsleistung als ihn verletzend ab; lieber wolle er seines Amtes entlassen sein. Der Vormundschaftsrichter traut dem B. und zieht seine Verfügung zurück. Zwei Jahre später nimmt sich B. das Leben. Der neue Pfleger C. rettet in dem über den Nachlaß des B. eröffneten Konkurse nur 10%. Er nimmt wegen des Ausfalls den A. in Anspruch. Dieser vertheidigt sich damit, daß die Anordnung einer Sicherheit aus besonderen Gründen erfolgen könne, aber nicht müsse, und daß es ihm nicht als Verletzung einer Amtspflicht angerechnet werden dürfe, wenn er von seinem Ermessen den Gebrauch gemacht habe, der ihm damals richtig erschienen sei.

272. In einer bei dem Schöffengerichte anhängigen Strafsache gegen X. wurde A. ausweislich des Hauptverhandlungsprotokolls „nach Leistung des Zeugeneides" als Zeuge vernommen. Er beantragt in der demnächst gegen ihn wegen Meineids eröffneten Voruntersuchung seine Haftentlassung, indem er unter Berufung auf das Zeugniß des Vorsitzenden und des Gerichtsschreibers des Schöffengerichts erklärt, daß er in jener Verhandlung überhaupt keinen Eid geleistet habe; das Sitzungsprotokoll müsse unrichtig sein. Der Untersuchungsrichter erhob jedoch nicht diesen Beweis, bemerkte vielmehr zu den Akten, daß in dem Protokolle durch Richter und Gerichtsschreiber die Eidesleistung des A. bezeugt sei; hingegen vernahm er mehrere Belastungszeugen, womit zwei Wochen vergingen, schloß die Voruntersuchung und übersandte die Akten der Staatsanwaltschaft. Diese beantragte die Vernehmung der von A. benannten Gerichtspersonen. Der Vorsitzende wie der Gerichtsschreiber erklärten, daß das Protokoll erst nach der Sitzung gefertigt worden sei und hinsichtlich des Beeidigungsvermerkes sehr wohl auf einem Irrthume beruhen könne, da ihre Privatnotizen einen Vermerk über die Beeidigung nicht enthielten. A. wurde demzufolge auf freien Fuß gestellt und durch späteren Beschluß der Strafkammer außer Verfolgung gesetzt, weil er einen Eid nicht geleistet habe.

Er verlangt nunmehr von dem Untersuchungsrichter Erstattung des ihm durch die widerrechtliche Verhaftung entstandenen Schadens mit der Begründung, daß die Nichterhebung des von ihm angetretenen Beweises eine fahrlässige Verletzung der Amtspflicht enthalten habe.

Der Beklagte wendet ein, daß ihm im Hinblick auf die §§ 188, 274 St.P.O. ein Versehen nicht zur Last falle, und daß, da das grundlegende Versehen den Vorsitzenden und den Gerichtsschreiber des Schöffengerichts treffe, diese in erster Reihe haften müßten.

273. Ein davon geflogener Kolibri hat sich in A.'s Garten auf einem Baume niedergelassen. Der Nachbar B. bemerkt, wie A. sich anschickt, auf einer Leiter den Baum zu ersteigen, um den Kolibri zu fangen. Er verscheucht den Vogel und nimmt ihn, nachdem er auf sein Grundstück geflogen war, in Besitz. A. klagt nunmehr gegen B. auf Wiedereinräumung des Besitzes.

274. A. kauft bei dem Kunsthändler B. im November ein Oelgemälde und ersucht ihn um dessen Zusendung am Weihnachtsabende, weil er es seiner Frau schenken wolle. B. vermiethet inzwischen das Bild an C. Kann A. gegen C. wegen Besitzstörung klagen? Ist es von Einfluß, ob C. von dem Verkaufe des Bildes Kenntniß gehabt hat?

275. A. miethet sich bei B. ein Pferd zum Ausreiten und verkauft es unterwegs dem C., der das Eigenthum B.'s an dem Pferde nicht kennt, gegen eine baare Zahlung von 1000 M. Auf die Bitte C.'s reitet er das Pferd zur Stadt zurück, um es dort in C.'s Stall zu bringen. Kurz davor begegnet ihm B. Auf dessen Frage, wie er in diese Gegend komme, da doch sein, B.'s, Stall ganz wo anders liege, erwidert ihm A., das Pferd gehöre jetzt dem C. B. nimmt ihm darauf das Pferd mit Gewalt ab. Kann A. oder C. wegen Besitzentsetzung klagen?

276. Der Luftschiffer A. fliegt mit seinem Ballon bei jedem Aufstieg über das Grundstück des B. Dieser ärgert sich darüber und klagt gegen A. wegen Besitzstörung. Auf den Einwand A.'s, daß die Luft frei sei, erwidert er: ein solcher Satz bestehe nicht; das wisse er besser, denn er habe erst jüngst ein Urtheil gegen den Postfiskus auf Beseitigung eines über sein Grundstück gezogenen Telephondrahtes erstritten.

277. Der Colonialwaarenhändler A. ist Miether im Hause des X. Er hat über der Eingangsthür seines Ladens ein auf sein Gewerbe bezügliches Schild angebracht. B., der Miether des 1. Stockwerks, hat dieses Schild dadurch zum größten Theile den Augen des Publikums entzogen, daß er vor seinem Fenster auf Blumenbrettern Töpfe mit herabhängenden Schlinggewächsen aufgestellt hat. A. klagt gegen B. auf Unterlassung der Störung. B. beruft sich darauf, daß X. ihm die Aufstellung von Blumentöpfen vertraglich gestattet habe.

278. A. miethet sich bei dem Pferdeverleiher B. ein Pferd zum Ausreiten. Unterwegs entdeckt er, daß das gemiethete Pferd sein eigenes ist, das er einige Wochen vorher bei B. eingestellt und bisher nicht abgeholt hatte. Er bringt es daher nicht dem B. zurück, sondern führt es in seinen Stall. B. klagt auf Wiedereinräumung des Besitzes. A. schützt sein Eigenthum vor. Wer von beiden siegt?

279. A. hat einen dicken Pfahl, der als Grenzzeichen diente, in das Grundstück seines Nachbarn B. hineingesetzt. B. läßt ein Jahr verstreichen und stellt hiernach die Besitzstörungsklage an. Auf den Einwand der Verjährung entgegnet er, daß hiervon keine Rede sein könne, weil die Besitzstörung sich in jedem Augenblicke wiederholt habe.

280. A. hat 88000 Steine, welche für ihn auf dem Rüstplatz des X. standen, an B. verkauft und ihm schriftlich den Anspruch auf Herausgabe der Steine abgetreten. Tags darauf verkauft er von eben diesen Steinen 13000 an C., der sie sofort abfährt. Als B. hiervon Kenntniß erhält, erklärt er dem A., daß er vom Vertrage zurücktrete, weil dieser sich durch die anderweitige Verfügung über die 13000 Steine außer Stand gesetzt habe, das ganze Kaufobjekt zu übergeben, er, B., aber ein geringeres Quantum nicht anzunehmen brauche. A. bestreitet die Berechtigung des Klägers zum Rücktritt, weil er den Vertrag durch die Uebergabe der Steine an ihn erfüllt und er sich wegen der 13000 Steine höchstens ersatzpflichtig gemacht habe. B. leugnet eine gehörige Besitzübertragung, weil dem X. die Cession nicht mitgetheilt worden ist. Sein Klageantrag geht auf Verurtheilung des A., den Rücktritt des B. für berechtigt anzuerkennen. Ist ihm stattzugeben?

281. A. hat bei B. 10 Flaschen Wein bestellt. Während seiner Abwesenheit vom Wohnorte werden sie aus Versehen bei dem in A.'s Hause als Miether wohnenden C. abgegeben, der sie in der Meinung, daß sie für ihn bestimmt seien, an sich nimmt. Wird A. oder B. mit einer possessorischen Klage gegen C. durchdringen?

282. A. hat Bäume gekauft, die in dem von ihm an B. vermietheten Garten im Herbste gepflanzt werden sollen, und den Verkäufer angewiesen, sie dorthin zu schaffen, ohne daß er vorher den B. davon in Kenntniß gesetzt hatte. Der Verkäufer bringt sie während einer mehrtägigen Abwesenheit des B. hin. Diese macht sich sein Nachbar C. zu nutze, indem er die Bäume in seinen Garten holt. Kann A. oder B. oder keiner von ihnen auf Wiedereinräumung des Besitzes gegen C. klagen?

283. A. spiegelt dem B. betrüglich vor, daß er zahlungsfähig sei, und veranlaßt ihn dadurch, ihm ein Grundstück unter Kreditirung des Kaufpreises zu verkaufen. B. erkennt erst einige Zeit nach der Auflassung, daß er betrogen worden ist. Inzwischen hat A. das Grundstück dem C., der um den Betrug wußte, entgeltlich aufgelassen. B. klagt gegen C. auf Anerkennung der Richtigkeit der Auflassung wegen Betrugs und auf entsprechende Berichtigung des Grundbuchs. C. bittet um Abweisung der Klage, weil, wie er ausführt, dem B. nur ein persönlicher Anspruch auf Rückauflassung gegen A. zustehe und von einer dinglichen Wirkung seiner Anfechtung der Auflassung keine Rede sein könne. (Vgl., hierzu Mügel bei Gruchot Bd. 37 S. 339 ff.)

284. A. verspricht am 1. April, dem B. ein Darlehn von 1000 M. zu gewähren, wenn sein, des A., Sohn glücklich von der afrikanischen Forschungsreise heimkehre. B. verpfändet ihm hierfür das Grundstück X. Am folgenden Tage giebt B. das nämliche Grundstück dem C. für eine am 1. Mai fällige Forderung zu Pfande. Die Rückkehr von A.'s Sohn ist am 1. Juni erfolgt, und das Darlehn ist an diesem Tage zur Auszahlung gelangt. Im Grundbuche ist zuerst die Hypothek des B., alsdann die des A. eingetragen. Wem gebührt die Priorität des Pfandrechts?

285. A. hatte von B. ein Darlehn von 100000 M. aufnehmen wollen und in der notariellen Schuldurkunde vom 8. Januar dafür sein Grundstück verpfändet, auch eine Hypothek von gleicher Höhe an der dritten Stelle für ihn eintragen lassen. B. gewährte ihm jedoch nur ein Darlehn von 77000 M. und erklärte sich wegen des Restes bereit, nach Wahl des A. eine löschungsfähige Quittung oder Abtretung auszustellen. Am 1. April wurde das Grundstück auf den Antrag des an der ersten Stelle eingetragenen Hypothekengläubigers zur Zwangsverwaltung und Zwangsversteigerung gebracht und in dem am 3. Juli verkündeten Zuschlagsbeschlusse dem C., für den an der vierten Stelle eine Grundschuld von 50000 M. eingetragen war, zugeschlagen. Tags zuvor, am 2. Juli, hatte B. auf Ersuchen A.'s die ihm aus der Eintragung von 23000 M., für welche keine Valuta gezahlt war, zustehenden Rechte ohne Gewährleistung und unter Wahrung des Vorzugsrechts für seine Hypothek von 77000 M. an den mit der Sachlage bekannten D. abgetreten und den über die Post gebildeten Theilhypothekenbrief ausgehändigt. Dieser zahlte dem A. noch am selben Tage 8000 M. und am 10. Juli 15000 M. In dem Vertheilungstermin am 3. August ergab sich, daß nach Befriedigung des B. ein Kaufgelderrest von 26000 M. verblieb. Ihn beanspruchte D. für sich insoweit, als er zur Deckung der ihm abgetretenen Forderung von 23000 M. und Zinsen erforderlich war. C. widersprach. Zufolge richterlicher Anordnung wurden 23067 M. als Streitmasse für D. und C. hinterlegt. D. bittet, den C. zur Einwilligung in die Auszahlung der hinterlegten Summe nebst den davon aufgelaufenen Zinsen an ihn zu verurtheilen, indem er sich auf die Abtretung vom 2. Juli und die Konvaleszenz der Hypothek durch die nachträgliche Zahlung der Valuta beruft. C. begehrt die Abweisung der Klage, weil A. durch die Einleitung der Zwangsversteigerung und die Verkündung des Zuschlagsbeschlusses die Verfügung über das Pfandgrundstück verloren habe. Dem Versteigerungsverfahren war C. nicht beigetreten. Wie ist zu entscheiden?

286. Auf dem Pfandgrundstück ist an erster Stelle eine Hypothek von 10000 M. für A. mit dem Vorbehalte des Vorrangs für eine später einzutragende Hypothek von 10000 M., an zweiter Stelle für B. im Wege der Zwangsvollstreckung 100 M. und an dritter Stelle die ursprünglich vorbehaltene Hypothek von 10000 M. für C. eingetragen. Bei der Zwangsversteigerung des Grundstücks ergiebt sich ein Erlös von 1) 20000 M.; 2) 10000 M.; 3) 12000 M. Wie ist er zu vertheilen?

287. A. hat durch notariellen Vertrag von B. das Grundstück X. für 4500 M. gekauft und sich verpflichtet, gegen dessen Auflassung 1500 M. auf das Kaufgeld zu zahlen. Er bittet zur Sicherung seines Anspruchs durch eine einstweilige Verfügung die Eintragung einer Vormerkung in das Grundbuch anzuordnen. B. widerspricht, weil A. vor Zahlung der 1500 M. kein durch Eintragung einer Vormerkung zu schützendes Recht auf Auflassung habe.

288. A. verkaufte am 9. April eine Feldparzelle von seinem Hausgrundstücke mittels notariell beurkundeten Vertrags an B., trat aber alsbald von dem Vertrage zurück nnd ließ dieselbe Parzelle am 14. April dem C. auf. Inzwischen hatte B. eine einstweilige Verfügung erwirkt, durch welche die Eintragung einer Vormerkung zur Sicherung seines Rechts auf Auflassung angeordnet wurde, und das Grundbuchamt am 13. April um die Eintragung dieser Vormerkung ersucht. Das Grundbuchamt verfügte sie aber erst nach der Auflassung und zugleich die Eintragung des Eigenthumsüberganges. Zunächst wurde darauf die Vormerkung, sodann

der Eigenthumsübergang eingetragen. Bei der Abschreibung der Parzelle wurde demgemäß die Vormerkung auf das neue Grundbachblatt mit übertragen.

B. klagt gegen A. auf Vertragserfüllung und gleichzeitig auf Grund der Vormerkung gegen C. dahin, in die Auflassung der auf ihn umgeschriebenen Parzelle an B. zu willigen. Die Beklagten bestreiten die Giltigkeit der Vormerkung, weil sie erst nach der Auflassung an C., also zu einer Zeit, wo B. nicht mehr Eigenthümer war, eingetragen worden ist. Ist diese Ansicht zu billigen?

289. Auf einem Grundstück ist ein Altentheil für A. eingetragen. A. erwirbt es in der Zwangsversteigerung ohne Uebernahme des Altentheils, doch wird dieser nicht gelöscht. In seiner Hand wird das Grundstück nochmals versteigert. Ausweislich des Protokolls und des Zuschlagsurtheils ist der Altentheil von dem Ersteher B. übernommen, aber jetzt wieder auf dessen Antrag im Grundbuche gelöscht. Nunmehr klagt A. gegen B. auf Wiedereintragung des Altentheils.

290. A. wird, ohne daß er etwas davon erfährt, zufolge eines Irrthums des Grundbuchamts als Eigenthümer des dem B. gehörigen Grundstückes eingetragen. B., der von dieser Eintragung keine Kenntniß erhält, bleibt weiter im Besitze des Grundstücks. Nach mehr als 30 Jahren stirbt A. Sein Erbe C. begehrt von B. Herausgabe des Grundstückes. B. bittet um Abweisung der Klage und verlangt widerklagend die Verurtheilung C.'s, in die Berichtigung des Grundbuchs und die Umschreibung des Grundstückes auf seinen, B.'s, Namen zu willigen. C. setzt der Widerklage den Einwand der Verjährung entgegen. (Aus: Dernburg, Sachenrecht, 1898, § 48 Nr. 7.)

291. Der absolut vermögenslose A. soll am 2. April exmittirt werden. Da er des Lebens müde ist, erhängt er sich am 1. April Nachmittags in der Dämmerstunde, nachdem er zuvor die Zimmerthür verschlossen, aber vergessen hatte, das Fenster seiner zu ebener Erde belegenen Stube zu verhängen. B., der kurz darauf vorübergeht, sieht ihn und will ihn losschneiden; weil er durch die Thür nicht in das Zimmer gelangen kann, schlägt er die Fensterscheiben ein und klettert hinein. Es gelingt ihm, den B. zu retten. Der Hauseigenthümer C. verklagt ihn auf Ersatz der angerichteten Beschädigung, weil von A. nichts zu erlangen ist. B. erwidert, daß er lediglich zur Rettung A.'s gehandelt habe und daher auch nur dieser zum Ersatze verpflichtet sei; besitze A. nichts, so sei es eine soziale Pflicht des C. sich das gefallen zu lassen. — Ist es auf die Entscheidung von Einfluß, wenn zur Zeit des Eingreifens von B. Rettung nicht mehr möglich ist, weil A. bereits erstickt war?

292. A. hat sein Haus dem Arzte B. verkauft, und dieser hat es zu einer Heilanstalt für arme Lungenkranke eingerichtet. Der Nachbar C. klagt auf Einstellung des Betriebes, weil sein Grundstück durch die im Uebermaße hinübergelangenden Tuberkelbazillen völlig entwerthet werde, was daraus erhelle, daß ihm schon sämmtliche Miether gekündigt haben. B. meint, daß A. sich das gefallen lassen müsse, weil die Anstalt der allgemeinen Wohlfahrt diene und die öffentlichen Interessen denen des Einzelnen vorgingen.

293. Die Seifenfabrik des A. verbreitet bei Ostwind einen das erträgliche Maß weit übersteigenden üblen Geruch auf das Grundstück des Nachbars B. Diesem haben die Miether bereits Kündigung wegen Gesundheitsgefährlichkeit der Wohnungen angedroht. B. erhebt daher Klage gegen A. auf Einstellung des Betriebes eventuell auf Herstellung solcher Einrichtungen, welche die benachtheiligende Einwirkung ausschließen, und auf Ersatz des in einem besonderen Prozesse zu ermittelnden Schadens. Die Beweisaufnahme ergiebt, daß andere Einrichtungen, als die bereits vorhandenen, unthunlich, auch mit einem gehörigen Betriebe der Fabrik nicht vereinbar sind.

294. Auf einem Oderkahne gerieth dem Kläger gehöriges Heu dadurch in Brand, daß aus der am Uferrand aufgestellten Lokomotive des Beklagten Funken herausflogen. Die Lokomotive war auf fremdem Grund und Boden mit obrigkeitlicher Genehmigung zur Beförderung von Erdmassen benutzt worden. Gegen die auf Ersatz des durch den Brand entstandenen Schadens gerichtete Klage wurde eingewendet, daß der Schutz gegen Immissionen sich auf Grundstücke im Verhältnisse zu anderen beschränke, außerdem aber dem Beklagten bei der Benutzung der Lokomotive kein Verschulden zur Last falle.

295. Zur Zeit der Obsternte schüttelt A. seinen Apfelbaum und langt die auf das Grundstück des Nachbars B. gefallenen Früchte mit einem Instrumente zurück. B. nimmt sie als sein Eigenthum in Anspruch. A. verneint dies, weil § 911 B.G.B. sich nur auf Fallobst beziehe. B. hält diese

Auslegung für irrig, denn das Gesetz spreche schlechtweg von hinübergefallenen Früchten, ohne zu unterscheiden, was die Ursache des Fallens sei.

296. A., der Eigenthümer eines auf einem hohen Berge gelegenen, nach der einen Seite 300 m steil abfallenden Grundstücks, baut einen Aussichtspavillon mit einem über die Grenze ragenden Balkon. B., der Eigenthümer des am Fuße der Bergwand gelegenen Grundstücks, in dessen Luftraum der Balkon hineinragt, erhebt sofort nach der Grenzüberschreitung Widerspruch. A. kehrt sich nicht daran. B. klagt gegen ihn auf Einziehung des Baues oder Entschädigung in einer Geldrente. A. bittet um Abweisung, weil es dem B. ganz gleichgiltig sein könne, was in einer solchen Höhe über seinem Grundstücke geschehe.

297 Die Parteien streiten um das Eigenthum eines Grundstückes. Der Kläger stützt sein Recht auf die Auflassung, die er im Jahre 1900 gegen Entgelt erhalten hat, der Beklagte das seinige auf die vor der Auflassung vollendete Ersitzung, indem er die Auflassung sich gegenüber deshalb für wirkungslos hielt, weil die im Jahre 1871 erfolgte Eintragung des Auflassenden als Eigenthümers noch herrührte aus der Zeit vor Einführung des Eigenthumserwerbsgesetzes vom 5. Mai 1872.

298. A. läßt durch seinen Diener B. bei dem Bankier C. ein Staatspapier verkaufen. C. weiß, daß B. A.'s Diener ist. Keiner von Beiden sagt, für wen der Verkauf abgeschlossen wird. Wer wird Eigenthümer des Geldes? Wie, wenn B. von vornherein die Absicht hat, das Geld für sich zu behalten? Wie, wenn er diese Absicht hat, C. aber ihm erklärt hat, er solle das Geld ja dem A. abliefern? Wie steht es in den ersten beiden Fällen, wenn C. nicht weiß, daß B. A.'s Diener ist?

299. A. verkauft mittels schriftlichen Vertrags vom 1 Februar eine in sein Fabrikgrundstück eingemauerte, zum Betriebe der Fabrik unentbehrliche Maschine für 20000 M. an B. uud miethet sie zugleich von diesem zu einem Miethszinse von 4 M. für jeden Arbeitstag bis zum 1 Oktober, behält sich auch ein bis zu diesem Tage auszuübendes Wiederkaufsrecht zu einem Rückkaufspreise von 20500 M. vor. B. verlangt mit der nach dem 1. Oktober angestellten Klage Anerkennung seines Eigenthums an der Maschine und ihre Herausgabe. A. bittet um Abweisung, weil eine zur Uebertragung des Eigenthums geeignete Besitzübergabe nicht stattgefunden habe.

300. A. war Miether des B. und hatte die in B.'s Hause befindliche Wohnung heimlich unter Mitnahme seiner eingebrachten Sachen verlassen. B. erhob wegen des Miethsrestes Klage und erwirkte ein obsiegendes Urtheil. Er vollstreckte zunächst wegen der Hauptsache und ließ bei A. pfänden. Während die Sachen noch mit dem Pfandsiegel behaftet in der Wohnung des A. waren, schloß A. mit C. über die Sachen einen Kaufvertrag ab und vereinbarte zugleich einen besonderen Miethsvertrag. Hierauf bezahlte er die Hauptforderung, und B. erklärte die Freigabe der Pfandstücke. Später vollstreckte B. wegen der Prozeßkosten uud ließ einen Theil derselben Sachen pfänden. C. erhebt nunmehr als Eigenthümer die Interventionsklage, der B. damit begegnet, daß die Uebergabe der Sachen durch constitutum possessorium wegen damals nicht vorhandenen Besitzes des A., sowie wegen des Fortbestandes seines, des B., Pfandrechts als Vermiethers bei heimlicher Fortschaffung ohne Wirkung gewesen und daher Eigenthum auf C. nicht übergegangen sei.

301. A. hat dem B. ein Klavier auf sechs Monate vermiethet und übergeben. Nach einem Monate verkauft er es dem C. und tritt ihm seinen Anspruch auf Herausgabe des Klaviers gegen B. ab. Kann C. es sofort herausverlangen?

302. Der Amtsrichter A. übergiebt während des Ferienurlaubs seine Blumen dem Handelsgärtner B. zur Aufbewahrung. Der Gehilfe B.'s verkauft in dessen Abwesenheit versehentlich eine dem A. gehörige Palme an C. A. erfährt hiervon nach seiner Rückkehr und verlangt die Palme, die er von einem guten Freunde zur Hochzeit geschenkt erhalten hatte, von C. heraus. Dieser verweigert die Herausgabe unter Berufung auf § 932 B.-G.-B.

Wie liegt die Sache, wenn B. selbst die Palme irrig für die seinige gehalten und dem C. geschenkt hat?

303. A. hat von B. ein Klavier gemiethet. Einige Zeit darauf kommt C. zu ihm, legitimirt sich durch einen — wie sich später herausstellt — gefälschten Kaufvertrag als Eigenthümer des Klaviers und verkauft es ihm für einen angemessenen Preis. Hat B. Eigenthum an dem Klavier erworben? Wie, wenn A. das Klavier an D. mittels schriftlichen Vertrags verkauft, und C. sich unter Aneignung des Vertrags für D. ausgegeben hat? Wie, wenn A. überdies dem D. den Anspruch auf Herausgabe des Klaviers abgetreten und C. auch diese Urkunde dem B. vorgelegt hat?

304. Der Kaufmann A. in X. schickt an den Kaufmann B. in Y. 3 Stück norwegische Obligationen im Werthe von 3000 M. mittels eingeschriebenen Briefes. Dieser wird dem Briefträger in Y. geraubt. Der Raub wird alsbald in verschiedenen Zeitungen und im Deutschen Reichsanzeiger bekannt gemacht. Einige Zeit darauf kauft auf dem Pferdemarkte in Z. ein vornehm gekleideter Ausländer dem Pferdehändler C. ein Pferd für 3000 M. ab und zahlt mit den geraubten Obligationen. A. erfährt hiervon und verlangt von C. ihre Herausgabe. Dieser bittet als redlicher Erwerber um Abweisung der Klage.

305. A. verkauft seine vergoldete Taschenuhr, die sich in einer Kapsel befindet, dem B. für 25 M. Bei der Uebergabe verwechselt er sie mit seiner echt goldenen Taschenuhr, die in einer ganz ähnlichen Kapsel steckte und 200 M. werth war. B. verkauft diese letztere alsbald für 150 M. an C. weiter. A. verlangt sie von C. im Wege der Klage mit der Begründung heraus, daß sie ihm wider seinen Willen abhanden gekommen sei. C. bestreitet das, indem er darauf hinweist, daß A. selber die Uhr dem B. eingehändigt habe. Muß C. die Uhr herausgeben? Wie, wenn A. sich zu ihrer Einlösung für 150 M. erbietet?

Welchen Anspruch hat A. gegen B.?

306. A. verkauft und übergiebt ein kostbares Klavier dem B. Da er bald darauf eine größere Reise unternimmt, vergißt er den Kaufpreis einzufordern. B. vermiethet das Klavier dem C. Von ihm vindicirt es A. nach Verlauf von 11 Jahren. C. wendet ein, B. habe das Klavier ersessen. A. entgegnet, daß die Ersitzung ausgeschlossen gewesen sei, weil B. bisher den Kaufpreis nicht gezahlt hat.

307. Die Beklagten haben im Jahre 1905 bei ihrem Schuldner, dem Spediteur A. zu Lüneburg, verschiedene Sachen pfänden lassen. Der Kläger hat behauptet, daß er auf Grund eines mit A. am 18. Juni 1894 abgeschlossenen Kaufvertrages das Eigenthum dieser Sachen erworben habe und daß ihm deren Besitz durch constitutum possessorium Seitens des A. übertragen sei. Er verlangt von den Beklagten, daß sie sein Eigenthum an den gepfändeten Sachen anerkennen und diese aus der Pfändung entlassen. Die Beklagten wenden ein, A. sei zur Zeit des Abschlusses des Vertrages mit dem Kläger nicht berechtigt gewesen, über die fraglichen Sachen zu verfügen, weil er sie bereits im Jahre 1893 dem Kaufmann X. in Harburg verkauft und mittels constitutum possessorium übertragen habe. Sie räumen ein, daß Kläger dies weder bei dem Abschluß des Vertrages gewußt noch nachher erfahren hat.

308. A. hat während einer mehrwöchigen Abwesenheit seines Nachbars B. in den Monaten August und September Weinbergspfähle aus dessen Weinberg ausgegraben und in dem seinigen verwendet. Kann B. sie vindiciren? Hat er einen Anspruch auf Ersatz des Schadens, der dadurch entstanden ist, daß seine Reben, der Stützen beraubt, einen geringeren Ertrag abwarfen?

309. A. hat dem B. 10000 M. in Zehnmarkstücken gestohlen und sie mit 5 eigenen Zehnmarkstücken dergestalt vermischt, daß eine Unterscheidung nicht mehr möglich ist. Tags darauf wird über sein Vermögen der Konkurs eröffnet. B. behauptet Miteigenthümer des im Geldschranke vorgefundenen Betrages von 10050 M. zu sein und verlangt Theilung außerhalb des Konkursverfahrens. Der Konkursverwalter meint, daß dem A. nur eine Konkursforderung zustehe.

310. Der in dem Baubureau des A. als Zeichner beschäftigte B. stiehlt seinem Herrn Papier und Zeichenmaterial und verwendet es zur Herstellung einer künstlerischen Zeichnung. Kann A. Eigenthum an ihr oder was sonst beanspruchen? Steht ihm ein Anspruch gegen C. zu, dem A. die Zeichnung geschenkt hat?

311. Der Photograph A. weiß, daß der von seinen Zuhörern verehrte Rechtslehrer B. regelmäßig in einer Conditorei Kaffee trinkt. Da ihm viel daran gelegen ist, seine Photographie zu besitzen, um sie an die Zuhörer verkaufen zu können, B. es aber abgelehnt hat sich photographiren zu lassen, nimmt er eines Tages vor der Conditorei Aufstellung und in einem günstigen Augenblick photographirt er den in Sinnen versunkenen Professor. Dieser wird von dem Kellner auf die That des A. aufmerksam gemacht, und er legt sich die Frage vor, welche Rechte ihm gegen A. zu stehen, insbesondere ob er die Herausgabe der Platte verlangen darf.

312. Der Nießbraucher A. hat das Grundstück, dessen Eigenthümer B. ist, auf die Zeit vom 1. Juli 1902 bis dahin 1908 an C. verpachtet. Am 1. Oktober 1905 stirbt A. B. kündigt dem Pächter auf Grund des § 1056 B.G.B. die Pacht zum 1. Juli 1906, und der Pächter gewährt ihm an diesem Tage, seiner Verpflichtung gemäß, das Grundstück mit den darauf stehenden Früchten zurück. Muß sich B. gefallen lassen, daß sich die Erben des A. aus den nach dem 1. Juli 1906 reifenden Früchten des Grundstücks wegen gewisser Pachtrückstände des C. befriedigen? (S. Küntzel, bei Gruchot, 1897 S. 439.)

313. A. findet an der pommerschen Küste von der See ausgeworfenen Bernstein. Er nimmt irrthümlich an, daß dieser Regal sei, entschließt sich aber doch ihn sich zur Erinnerung anzueignen. Einige Tage darauf stirbt er. Darf sein Erbe den Bernstein behalten?

314. Die Unternehmer einer Gewerbeausstellung im Sommer des Jahres 1901 hatten auf dem von der Stadtgemeinde X. gemietheten Platze einen eisernen Pavillon errichtet, in dem die Erzeugnisse des Bäckereigewerbes untergebracht waren. Nach Schluß der Ausstellung stellt sich heraus, daß die Abbruchskosten den Werth des Pavillons übersteigen. Es wird daher beschlossen, ihn zu derelinquiren. Der Bäckner A. nimmt darauf den Pavillon in Eigenbesitz und beginnt sofort mit dem Abbruche. Sobald die Stadtgemeinde davon Kenntniß erhält, erhebt sie Klage auf Anerkennung ihres Eigenthums, das sie aus dem Eigenthum am Grund und Boden herleitet. A. beruft sich auf §§ 958, 95 B.G.B.

315. A. hat an einem Sonntage, wo die Jagd durch Polizeiverordnung verboten war, über die Grenze seines Jagdgrundes hinaus einen Hirsch verfolgt und auf dem Terrain des Jagdberechtigten B. erlegt. Mit welcher Klage kann B. den Hirsch von A. heraus verlangen? Steht seinem Anspruche der Einwand entgegen, daß er keinen Schaden erlitten habe, weil das Jagen am Sonntage verboten war und er deshalb den Hirsch nicht hätte behalten dürfen, wenn er ihn selbst geschossen hätte? Kann B. die Herausgabe des Hirsches von dem Wildprethändler C. fordern, der ihn gutgläubig und entgeltlich von A. erworben hat? Hat er Anspruch auf das Geweih, das A. dem D. geschenkt hat?

Wie ist der Fall zu entscheiden, wenn Gegenstand der Jagd ein über die Landesgrenze gekommener Bär gewesen ist? (Behält A. L. R. I 9 § 115 weiter Geltung?)

316. A. und B., zwei Rechtscandidaten, befahren in einem Boote einen Gebirgssee. A. sitzt am Steuerruder und erblickt ein im Schilfe hängendes Ledertäschchen. Er macht den B. darauf aufmerksam, und sie beschließen es in ihre Gewalt zu bringen. Da es ihnen jedoch nicht gelingt nahe genug heranzukommen, fährt A., nachdem er den B. in der

Nähe ans Land gesetzt hat, zurück, um eine lange Stange herbeizuschaffen. Inzwischen hat B. sich in's Wasser begeben und das Täschchen herausgeholt. Es enthielt 1000 M. in Papier und einen Zettel folgenden Inhalts: „Elendes Geld, Du hast mich in's Unglück gestürzt. Ich will Dich nicht mehr. Wer Dich findet, mag Dich behalten.“ Als A. mit der Stange eintrifft, erzählt ihm B., daß und wie er sich des Täschchens sammt Inhalt bereits bemächtigt habe. A. sagt sich, daß er keinen Eigenthumsanspruch gegen B. erheben könne; er meint aber bei Dernburg, Sachenrecht, § 110 Anm. 13 gelesen zu haben, daß ihm B. gegenüber ein Schadensersatzanspruch zustehe. Was ist richtig?

317. A. findet in der Nähe einer sumpfigen Wiese eine dem Botaniker B. gehörige, mit kostbaren Pflanzen gefüllte Pflanzenpresse, die dieser einige Jahre zuvor beim Botanisiren verloren hatte und trotz vielen Suchens nicht hatte wiederfinden können. Er nimmt sie an sich. Nachdem er schon einige hundert Schritte mit ihr gegangen ist, wird sie ihm, da sie sehr schmutzig ist und vorsichtig getragen werden muß, lästig. Er entledigt sich ihrer deshalb und legt sie am Rande der nach der Stadt führenden Landstraße nieder. Zu Hause angelangt meldet er seinen Fund dem B. und den Ort, wo er ihn niedergelegt hat. B. begiebt sich sofort dahin, findet jedoch an der bezeichneten Stelle nur einen Zettel mit den Worten: „sie war Dein; ein Pflanzenliebhaber.“ Hierauf verklagt er den A., weil er seiner Verwahrungspflicht nicht genügt, auf Ersatz des Werthes der Pflanzenpresse sammt Inhalt. A. bittet um Abweisung. Ihm falle, so führt er aus, bei der Aufgabe des Besitzes weder Vorsatz noch grobe Fahrlässigkeit zur Last; denn man habe ihm nicht zumuthen können, die beschmutzte Pflanzenpresse noch eine Stunde weit zu tragen. Auch habe er nicht gewußt, daß die Pflanzen einen so großen Werth gehabt hätten. Auf alle Fälle aber beanspruche er, daß B. sich den Finderlohn kürzen lasse, den er hätte aufwenden müssen, um wieder in den Besitz des Fundes zu gelangen.

318. Der Droschkenkutscher A. fährt in Berlin am Vormittag eine fremde, vornehm gekleidete Dame vom Hotel zum Bahnhofe. Wie er Mittags nach Hause kommt, findet er in seiner Droschke eine mit Brillanten besetzte Damenuhr. 1. Er liefert sie unverzüglich der Polizeibehörde ab und erfährt dabei, daß die Dame bereits telegraphisch ihren Verlust gemeldet hatte. — 2. Er zeigt den Fund unverzüglich und gehörig der Polizeibehörde an, behält aber die Uhr der größeren Sicherheit halber bei sich und verliert sie auf dem Hofe des Nachbargrundstücks. Sein 6jähriger Sohn findet sie daselbst beim Spielen in der Nähe eines Sandhaufens und bringt sie dem Vater, ohne zu wissen, daß dieser der Verlierer war. — Hat A. Anspruch auf Finderlohn?

319. A. findet ein über 6000 M. lautendes Sparkassenbuch, sowie ein Lotterieloos, auf welches am Tage zuvor ein Gewinn von 50000 M. gefallen war. Er zeigt den Fund unverzüglich und gehörig der Polizeibehörde an. Wieviel beträgt der Finderlohn? An welche Frist ist der Anspruch darauf geknüpft, wenn A. das Buch und das Loos dem Eigenthümer herausgegeben hat?

Gesetzt, A. habe das Eigenthum an den 50000 M. erworben und sie hypothekarisch angelegt; vier Jahre darauf melde sich der wahre Eigenthümer des Looses; kann dieser noch etwas von ihm beanspruchen?

320. A. hatte vor etwa zehn Jahren einen alten Kleiderschrank für 14 M. aus dem Nachlaß eines Junggesellen in öffentlicher, durch die Erben veranlaßter Versteigerung erworben. Nachdem er seiner nicht mehr bedürftig war, verkaufte er ihn für 12 M. an den Trödler B., der ihn auf einem Handwagen nach Hause fuhr. Der Wagen stieß an einen Prellstein, und gleich darauf hörte man ein eigenthümliches Klingen. Als der Trödler sich umsah, rief ihm der Bäckerjunge C. zu: „Mann, Sie verlieren ja lauter Thalerstücke" und half ihm 10 auf die Straße gerollte Thaler aufheben. Bei näherer Untersuchung fand B., daß der Schrank in einem kleinen Fache, das zwischen der Rückwand und der nicht ganz bis an diese heranreichenden unteren Schublade des Schrankes angebracht war, noch weitere 90 Thaler aus den Jahren 1800—1810 enthielt. Auf die 100 Thaler oder doch einen Theil von ihnen machen jetzt Anspruch A., C. und die Erben des Junggesellen, während B. sich als Eigenthümer des Schranks auch das Eigenthum an dem Gelde zuschreibt.

321. A. hat ein großes Gut, von dem er ein Stück Acker als werthlos liegen läßt. Sein Nachbar B. entdeckt, daß das brachliegende Ackerstück werthvolle Mineralien in sich birgt, und er beginnt damit sie bergmännisch abzubauen. A. läßt hierauf „sein Gut mit allem Zubehör" dem C., dieser läßt es nach einiger Zeit dem D., und D. endlich läßt es mehrere Jahre später dem E. auf. E. ist der Ansicht, daß auch das unbebaute Stück, auf das weder C. noch D. Anspruch erhoben hatten, ihm mitverkauft sei; er klagt gegen B. auf Herausgabe.

322. A. ist eingetragener Eigenthümer des Grundstücks X. Er hat es von B. in dem Zustande durch Auflassung erworben, wie dieser es thatsächlich besessen hatte. Ohne Wissen des B. war indeß durch eine bei der Zurückführung des Grundbuchs auf das Kataster eingetretene Verwechselung vor der Auflassung an A. eine zu dem Grundstücke Y. gehörige Parzelle dem Grundstücke X. zugeschrieben worden; bei der Auflassung hatte A. keine Kenntniß davon. Die Parzelle befindet sich im Besitze von C. A. verlangt ihre Herausgabe als Eigenthümer. C. bittet um Abweisung der Klage, weil A. mangels einer auf die Parzelle gerichteten Auflassung nicht ihr Eigenthümer geworden sei.

323. A. kauft zur Vergrößerung seines Geschäftshauses am 1. April von seinem Nachbar B. dessen Grundstück für 100 000 M. und erhält es gegen Baarzahlung übergeben. Die Auflassung sollte am 20. April erfolgen. Hiervon erfährt C., ein dem A. gegenüber wohnender Konkurrent. Um den von ihm als nachtheilig befürchteten Erweiterungsbau zu hindern, kauft er am 15. April das Grundstück dem B. für 180 000 M. ab und erlangt noch an demselben Tage Auflassung und Eintragung im Grundbuche. Hierauf stellt er gegen B. die Klage auf Herausgabe des Grundstücks an. Dieser bittet um Abweisung, weil C. durch eine unmoralische Handlung keine Rechte erwerben könne. Eventuell beantragt er widerklagend seine Verurtheilung zum Schadensersatze, den er näher darlegt. C. begehrt Abweisung der Widerklage. Er habe weder unmoralisch noch unbillig gehandelt. Wenn A. Schaden erlitten habe, so sei er sich allein daran Schuld; er hätte eben zur rechten Zeit sich die Auflassung des Grundstücks beschaffen sollen. (Vgl. hierzu Gruchot, Bd. 33 S. 949.)

324. A. und B. lassen auf Grund vollstreckbarer Schuldtitel ein jeder für sich bei C. pfänden. Da die Pfandstücke von der Ehefrau C's. in die Ehe eingebracht sind, erhebt sie gestützt auf ihr Eigenthum gemäß § 771 C.P.O. Widerspruchsklage. Die Urtheile lauten entsprechend den von verschiedenen Anwälten gestellten Anträgen: „A. wird verurtheilt, die Pfandstücke an die Klägerin herauszugeben." „B. wird verurtheilt, das Eigenthum der Klägerin an den Pfandstücken anzuerkennen und diese an sie herauszugeben." Einige Zeit darauf lassen A. und B. wiederum die nämlichen Sachen bei C. pfänden. Kann sich die Ehefrau C.'s beiden gegenüber darauf berufen, daß ihr Eigenthum an den Pfandstücken bereits rechtskräftig feststeht?

325. Der später in Konkurs gerathene Gutsbesitzer A. verkauft dem B. eine Waldparzelle Bäume für 10000 M. und übergiebt sie ihm in der Weise, daß B. eine Anzahl der an der äußeren Grenze der Parzelle stehenden Bäume mit seiner Namenschiffer zeichnet. B. verlangt von dem Konkursverwalter, daß dieser sein Eigenthum an dem Holze anerkenne und ihm gestatte, es einschlagen und wegholen zu lassen. Der Konkursverwalter bestreitet, daß B. Eigenthümer des Holzes geworden sei, weil es an einer gehörigen Besitzübertragung mangele. —

Aendert sich die Entscheidung, wenn B. sämmtliche Bäume mit dem Forsthammer gezeichnet hat? Ist es von Belang, ob der Kaufpreis gezahlt oder gestundet ist? Welchen Einfluß hat es, wenn der Konkursverwalter noch vor der Dazwischenkunft des B. 1) das Gut an C. aufgelassen hat? 2) das Holz hat schlagen lassen und demnächst an C. verkauft hat? Hat insbesondere B. an C. einen Anspruch?

326. A. läßt wegen einer rechtskräftigen Forderung bei dem Buchhalter B. in dessen Ehewohnung eine Wanduhr, einen Spiegel, einen Kleiderschrank und einen Teppich pfänden. B.'s Ehefrau intervenirt und verlangt Freigabe der Gegenstände mit der Behauptung: sie habe die Uhr in die Ehe gebracht, den Spiegel von ihrem Manne vor mehreren Jahren zu Weihnachten bekommen, den Kleiderschrank in Gemeinschaft mit ihm aus gemeinsamen Mitteln (nämlich ihrerseits aus erspartem Wirthschaftsgelde) gekauft und den Teppich von Freundinnen zugleich mit ihrem Manne zur silbernen Hochzeit geschenkt erhalten.

327. A. findet einen kostbaren Ring und schenkt ihn seiner Geliebten B., indem er ihr erzählt, er habe ihn billig von einem Freunde erstanden. Die B. versetzt den Ring nach Lösung des Verhältnisses mit A. bei dem Pfandleiher C. Dieser läßt ihn nach eingetretener Fälligkeit des Darlehns öffentlich versteigern. Hier erwirbt ihn der Goldwaarenhändler D. In dessen Schaufenster entdeckt ihn beim Vorübergehen die frühere Eigenthümerin. Welche Ansprüche hat sie gegen A., B., C. oder D.?

328. A. verliert seine Taschenuhr und stirbt bald darauf. Sein Erbe B. sieht sie nach elf Jahren bei C., der sie gefunden hatte. Welche Klage steht ihm gegen diesen zu? Greift der Einwand der Ersitzung durch?

329. A. stellt gegen B. die Eigenthumsklage auf Herausgabe eines Grundstücks an. Nach der Klagezustellung geräth B. in Konkurs. Der Verwalter hat den Rechtsstreit aufgenommen. Muß er die nach der

Konkurseröffnung gezogenen Früchte herausgeben und die nicht gezogenen ersetzen?

330. A. verkauft ein dem B. gehöriges Arbeitspferd dem gutgläubigen C. Diesem wird es von B. evincirt. Welche Ansprüche kann C. gegen B., welche gegen A. erheben? Kann er insbesondere von B. Erstattung des Kaufpreises und der Futterkosten, von A. Erstattung der Kosten des Evictionsprozesses fordern?

331. A. hat über sein Grundstück mündlich mit B. einen Kaufvertrag abgeschlossen und diesem gestattet, inzwischen auf dem Grundstück einen Brunnen anzulegen. B. hat es gethan, noch ehe es zur schriftlichen Abfassung des Vertrags gekommen war. Diese zerschlägt sich wegen Differenzen. A. klagt nunmehr gegen B. mit dem Antrage, ihn zur Beseitigung des Brunnens oder zur Zahlung von 100 M. zu verurtheilen.

332. Die 2 ha große, an dem Ufer eines öffentlichen Flusses gelegene Wiese des A. wird in jedem Frühjahre bei Hochwasser derart überschwemmt, daß die Wasserfläche mit dem Flußbett in ungetrenntem Zusammenhange steht. B. ist im Flusse fischereiberechtigt und fischt seit einigen Jahren während der Ueberschwemmungszeit auch auf der die Wiese bedeckenden Wasserfläche. Er leitet das Recht dazu daraus her, daß die erweiterte Wasserfläche als ein Theil des Flusses zu betrachten und das Eigenthum an dem überschwemmten Grundstücke gewissermaßen suspendirt sei, indem der Eigenthümer seine Eigenthumsrechte daran nicht ausüben könne. A. klagt gegen ihn mit dem Antrage, zu erkennen, daß dem B. das Fischereirecht auf der Wiese nicht zustehe. Er führt aus, daß als Flußbett nur derjenige Theil des Flußgebietes angesehen werden dürfe, der bei gewöhnlichem Wasserstande von dem Flußufer eingefaßt werde, daß das Recht des Eigenthümers des neben dem Flusse liegenden Grundstückes sich auf den Raum über der Oberfläche erstrecke und eine rechtliche Behinderung in der Ausübung dieses Rechts nicht vorliege.

333. A. betreibt eine im Jahre 1900 staatlich genehmigte Pulverfabrik. Zwei Jahre darauf wird eine dem Kreise B. gehörige öffentliche Landstraße in der Nähe der Fabrik in geringer Entfernung vorübergelegt. Die Polizeibehörde giebt dem A. demzufolge zur Vermeidung von Explosionsgefahren für die Benutzer der Landstraße auf, drei Fabrikgebäude mit Erdwällen von bestimmter Höhe zu versehen und droht ihm für den Fall der Nichtbefolgung der Anordnung die Untersagung des weiteren Betriebes an.

Nachdem A. vergeblich Beschwerde eingelegt hat, ist er der polizeilichen Verfügung nachgekommen. Er verlangt aber jetzt als Ersatz des ihm aus ihrer Befolgung erwachsenen Schadens, und zwar vom Fiskus und vom Kreise B. als Gesammtschuldnern, die Erstattung der Kosten für die Anlegung der Wälle. Die Beklagten wenden ein, daß die polizeiliche Verfügung nicht in das Eigenthum des Klägers eingegriffen habe, sondern nur seinen Gewerbebetrieb berühre, und daß dieser in der Gleichberechtigung aller seine Grenze finde, daß sich daher A. eine Einschränkung im öffentlichen Interesse gefallen lassen müsse. A. beruft sich demgegenüber auf den § 51 der Reichs-Gewerbeordnung. Die Beklagten meinen, daß diese Vorschrift hier nicht zutreffe, weil A. die Ausführung der polizeilichen Androhung durch Befolgung der getroffenen Anordnung abzuwenden in der Lage war.

334. A. hat dem B. 10 Hundertmarkscheine gestohlen und damit bei dem Bankier C., der um den Diebstahl wußte, Staatspapiere gekauft. B. vindicirt von C. die bei diesem noch unterscheidbar vorhandenen Scheine als sein Eigenthum. Ist C. zu ihrer unentgeltlichen Herausgabe verpflichtet?

335. Dem A. ist ein in Deutschland im Jahre 1899 außer Cours gesetztes ausländisches Inhaberpapier abhanden gekommen. Er sieht es im Jahre 1900 bei B., der es in gutem Glauben erworben hat, und verlangt es von ihm heraus. B. weigert sich dessen unter Berufung auf § 1007 B.G.B. und Art. 176 Einf.-Ges. A. erwidert, daß hier das ausländische Recht entscheide. Dieses läßt unstreitig die Außercourssetzung zu und legt ihr die Wirkung bei, daß das Papier des Inhabercharakters entkleidet und wie ein Namenspapier behandelt wird.

336. A., B., C. und D. sind zu gleichen Theilen Eigenthümer eines sehr großen, zwischen den Straßen X. und Y. belegenen Terrains. Um es zweckmäßig bebauen zu können, widmen sie einen Theil davon zur Privatstraße mit der in das Grundbuch eingetragenen Bestimmung, daß er für immer untheilbar sein solle. Den Rest theilen sie unter sich auf. Nachdem A., B. und C. längst ihre Grundstücke bebaut hatten, will auch D. auf dem seinigen ein Haus errichten. Darin stört ihn eine auf der Privatstraße stehende alte, majestätische Eiche insofern, als sie ihm die bequeme Zufahrt verhindern würde. B. und C. sind mit der Wegschaffung des Baumes einverstanden. Nur A. widerspricht. Er habe ein besonderes Interesse an dem Stehenbleiben der Eiche, weil der Miethswerth seiner

Wohnungen durch den Ausblick auf den herrlichen Baum wesentlich erhöht werde. Er wird von B., C. und D. darauf verklagt, in die Beseitigung der Eiche zu willigen. In der Klage wird besonders hervorgehoben, daß sie den Wagenverkehr in der Straße beeinträchtige.

337. Die in dem Acker des Klägers entspringende Quelle ist von dem Beklagten in den 1870er Jahren in einer Brunnenkammer gefaßt und von da bis zum Ende des Jahres 1910 nach dem Dorfe geleitet worden. Als damals die Quelle sich senkte und die Leitung nur spärlich Wasser gab, wurde die Quelle neu gefaßt und die Brunnenkammer 2 Fuß tief in die Erde gelegt. Der Kläger verlangt Beseitigung der neuen Brunnenkammer, weil sie ohne sein Wissen und seine Erlaubniß angelegt worden ist. Ist sein Anspruch begründet?

338. A. hat eine Wasserschöpfgerechtigkeit auf dem Grundstücke seines Nachbars B. Da auf dieses Grundstück häufig fremdes Vieh übertritt, zäunt B. es ein, läßt jedoch für A. eine Thür anbringen, damit er zur Quelle gelangen kann. Muß sich A. das gefallen lassen?

A. hat gegen die Anlage des B. nichts eingewendet, er läßt aber beim Wasserholen stets die Thür offen. Als B., um dies zu verhindern, eine selbstschließende Thür anbringt, öffnet sie A. soweit, daß der Mechanismus nicht mehr wirken kann. Wie ist dem B. zu helfen? —

339. A. ist Nießbraucher eines dem B. gehörigen Waldes. Während B. auf einer mehrjährigen Forschungsreise abwesend ist, verkauft A. den gesammten Holzbestand des Waldes dem C., der wohl weiß, daß A. nur Nießbraucher ist, für den dritten Theil des wahren Werths. C. läßt den Wald schlagen und verkauft das Holz mit einem seinen Werth erheblich übersteigenden Nutzen. Wie B. zurückkehrt, ist A. in völliger Armuth, ohne Hinterlassung von Erben, gestorben. Er fragt, ob er von C. Erstattung des gesammten erzielten Nutzens oder mindestens der Differenz zwischen dem wahren Werthe des Holzbestandes und seinem Kaufpreise oder doch des Ueberschusses verlangen kann, um den der Verkaufspreis des gefällten Holzes den von C. gezahlten Einkaufspreis, abzüglich der von ihm aufgewandten Kosten, übersteigt.

340. A. hat testamentarisch den B. zum Erben seines Handelsgeschäfts eingesetzt und dem C. für ein Jahr den Nießbrauch daran vermacht. Nach Ablauf des Jahres will C.: 1) Dem B. das Handelsgeschäft herausgeben. Dieser verweigert jedoch die Annahme und klagt gegen C. auf Zahlung des Werths, den das Handelsgeschäft zur Zeit von A.'s Tode gehabt hat. — 2) Das Handelsgeschäft für sich behalten und dem B. den Werth, den es zur Zeit des Todes A.'s gehabt hat, ersetzen. B. verweigert die Annahme des Geldes und begehrt klagend die Herausgabe des ihm vermachten Handelsgeschäfts. Er weist darauf hin, daß ihm mit dem angebotenen Werthersatze nicht gedient sei, da ihm C., solange er das Handelsgeschäft fortführe, eine beträchtliche Konkurrenz machen würde und nach der Absicht des Testators das Geschäft doch nur ein Jahr lang in seinen Händen bleiben sollte.

341. Dem A. steht an einer auf dem Grundstücke des X. eingetragenen Hypothek der Nießbrauch, dem B. das Eigenthum daran zu. B. tritt die Hypothek dem C. ab. Dieser kündigt sie dem X. und klagt gegen A., daß er in die anderweitige, mündelsichere Belegung des Kapitals willige. A. bittet um Abweisung der Klage, weil, wie C. nicht bestreitet, X. erklärt hat, daß er die von C. allein ausgegangene Kündigung nicht für wirksam halte und deshalb nicht zahlen werde.

342. A. hat für den Neubau des B. die Lieferung von Thüren und Fenstern zum Preise von 4000 M. übernommen und sich bis zur völligen Bezahlung des Kaufpreises das Eigenthum daran vorbehalten. Nachdem er sie sämmtlich abgeliefert und eingesetzt, aber erst 3000 M. gezahlt erhalten hat, erfährt er, daß die Verhältnisse B.'s sich verschlechtert haben. Er erscheint daher eines Morgens mit Wagen und Leuten auf dem Neubau, nimmt (mit Genehmigung B.'s) Thüren und Fenster im Werthe von 1000 M. heraus und fährt damit weg. C., der dem B. zum Zwecke des Neubaues ein auf dem Grundstücke eingetragenes Darlehn gewährt hat, verlangt von A. Herausgabe der weggeschafften Gegenstände. A. beruft sich auf seinen Vertrag (und die besondere Genehmigung B.'s).

343. A. zwingt den B., vor dem Grundbuchrichter eine Hypothek für ihn zu bestellen. Sie wird eingetragen und der darüber ertheilte Hypothekenbrief wird dem A. ausgehändigt. A. tritt sodann die Hypothek unter Uebergabe des Briefes entgeltlich an C. ab, der über das Zustandekommen der Hypothek nicht unterrichtet ist. Kann B. gegen eine hypothekarische Klage des C. die Einrede des Zwanges erheben? Wie ist der Fall zu beurtheilen, wenn es sich um eine Grundschuld handelte?

344. A. klagt als Erbe des B. gegen C. auf Herausgabe eines auf den Namen des Erblassers lautenden Hypothekenbriefes. C. wendet ein, daß B. ihm den Hypothekenbrief zur Belohnung für geleistete Dienste vor einigen Jahren geschenkt und übergeben habe. A. hält die Schenkung wegen Formmangels für unwirksam.

345. A. hat für die Schulden des Verwalters B. aus dessen Verwaltung dem C. eine Sicherungshypothek von 5000 M. bestellt. Demnächst hat B. dem C. gegenüber in einer notariellen Urkunde eine Schuld von 5000 M. anerkannt. Auf den Antrag C.'s hat der Grundbuchrichter ohne die Einwilligung A.'s die Sicherungshypothek in eine gewöhnliche Hypothek umgeschrieben. A. erhebt gegen C. Klage auf Löschung. Wie steht es mit der Beweislast?

346. Bei der Kaufgeldbelegung eines subhastirten Grundstückes liquidirt A. an Stelle einer von dem Subhastaten (als eingetragenem Eigenthümer) bezahlten Grundschuld den Betrag einer persönlichen Forderung an den Subhastaten, für welche dieser dem A. die Grundschuld unter Uebergabe der (vom Grundschuldgläubiger erhaltenen) Löschungsbewilligung schriftlich verpfändet hatte. Der Nachhypothekar B. widersprach, indem er die Giltigkeit der Verpfändung der Grundschuld bestritt. Der Betrag ist demzufolge zu einer Streitmasse hinterlegt worden. Es sollen folgende Fragen beantwortet werden:

a) Wer hat zu klagen, A. oder B.?

b) Ist der Widerspruch des B. begründet?

347. A. hat dem B. für eine Schuld von 500 M. ein Pferd als Faustpfand gegeben. Es wird von einem Blitzstrahl getödtet. Kann B. von A. ein anderes Pferd verlangen? Kann B. die versicherte Forderung trotz Verlustes des Faustpfandes eintreiben?

Haftet B. für den Untergang des Pferdes, wenn er es während des Gewitters im Freien gelassen, hingegen seine eigenen Pferde im Stalle untergebracht hat?

Das verpfändete Pferd hat an einer ansteckenden Krankheit gelitten. Demzufolge sind zwei Pferde des B. krepirt. Kann dieser dafür Ersatz verlangen? Mit welcher Klage?

348. A. bittet den B. um ein Darlehn von 100 M. gegen Verpfändung seiner Uhr. Da er aber nur diese Uhr besitzt, beläßt sie ihm B. unter Vorbehalt seines Pfandrechts. Später pfändet C. die Uhr im Wege der Zwangsvollstreckung. B. erhebt gegen ihn die Interventionsklage unter Berufung auf sein Pfandrecht.

349. A. verpfändet seine Kuh dem Wucherer B. für ein Darlehn von 200 M. und miethet sie zugleich von ihm gegen eine monatliche Entschädigung von 5 M. mit der Abrede, daß die Miethsentschädigung gegen die Zinsen aufgerechnet werden solle. Einige Tage darauf läßt C., ein Gläubiger A.'s, die Kuh pfänden. B. intervenirt unter Berufung auf sein Pfandrecht mit dem Beifügen, daß die Uebergabe der Sache durch constitutum possessorium (§ 930 B.G.B.) ersetzt sei. A. meint, daß ein Pfandrecht nicht entstanden oder, wenn entstanden, durch die Zurückgabe der Kuh wieder erloschen sei.

350. A. hat sein Weinlager dem B. für eine Schuld von 20 000 M. in der Weise verpfändet, daß er ihm einen Schlüssel zu dem Lager und ein schriftliches Verzeichniß über den Bestand einhändigte. Als demnächst C., ein Gläubiger des A., wegen einer vollstreckbaren Forderung eine Zwangsvollstreckung in das Weinlager ausbrachte, intervenirte B. C. wendete ein, daß A. mit Zustimmung des B. einen zweiten Schlüssel zum Lager behalten und wiederholt ohne Zuziehung des B. Wein von dem Lager zu seinen Zwecken entnommen habe. B. hält das für unerheblich, weil Einräumung des Mitbesitzes zur Pfandbestellung genüge.

351. Dem A. ist ein auf seinen Namen lautendes Sparkassenbuch, das aber von der Sparkasse nach einem darauf gedruckten Vermerke an jeden Inhaber ausgezahlt werden durfte, von B. gestohlen worden. B. hat es unter dem Vorgeben, durch Schenkung Eigenthümer geworden zu sein, dem Kaufmann C. für eine Waarenschuld verpfändet. Gegen ihn klagt A. auf Herausgabe; seine Schlechtgläubigkeit leitet er daraus her, daß ihm die Mittheilung B.'s hätte bedenklich erscheinen und er deshalb bei A. hätte nachfragen müssen; er habe sich aber leichtfertig darüber hinweggesetzt. C. vertheidigt sich zunächst damit, daß das Sparkassenbuch die Eigenschaft eines Inhaberpapiers (vgl. § 808 B.G.B.) habe, und sodann damit, daß er keinen Anlaß gehabt habe, an den Worten des ihm bekannten und bisher unbestraften B. zu zweifeln. Wie ist der Fall zu entscheiden, wenn A. dem B. das Sparkassenbuch übergeben hat, um einen Theilbetrag abzuheben und als Darlehn zu behalten, B. aber, nachdem er dies gethan, das Buch dem C. verpfändet hat? Welchen Anspruch hat in beiden Fällen A. gegen B?

352. Die Gemeinde A. ist Eigenthümerin von vier Stück Saalbahnprioritäten. Ihr Bürgermeister B. geräth in Geldverlegenheit und verpfändet die Prioritäten bei dem Kaufmann C. in X. für ein Darlehn, das er für eigene Zwecke aufgenommen hatte. Nachdem er in Konkurs gerathen war, klagte die Gemeinde gegen C. auf Herausgabe der Prioritäten. Sie führt aus: er habe nicht mit der gehörigen Vorsicht gehandelt, da er vor der Inpfandnahme der Papiere über die Rechtmäßigkeit des Besitzes des Verpfänders hätte Erkundigungen einziehen müssen; er sei daher unredlicher Besitzer. C. macht sein Pfandrecht geltend.

353. A. bestellt dem B. für eine Darlehnsforderung von 1000 M. einen kostbaren Bechstein'schen Flügel mit der Abrede zum Pfande, daß B. an Stelle der Zinsen befugt sein solle das Pfand zu nutzen. B. vermiethet darauf den Flügel an den Inhaber eines Tanzlokals, wo er allabendlich von mehr oder minder geübten Händen bearbeitet wird. Nach 5 Monaten berichtigt A. das Darlehn und erhält von B. den Flügel übel zugerichtet zurück. Er klagt auf Schadensersatz, wogegen B. einwendet, daß es ihm freigestanden habe, das Pfand in beliebiger und möglichst fruchtbringender Weise zu nutzen.

354. A. hatte von B. zwei Kühe für 1200 M. gekauft. C. hatte als Sicherheit für den Kaufpreis dem B. eine Stammaktie im Werthe von 1000 M. auf die Dauer von 14 Tagen bestellt. Nachdem die vierzehn Tage abgelaufen waren, ohne daß B. gegen A. auf Zahlung des Kaufpreises geklagt hatte, fordert C. die Aktien im Wege der Klage von A. und B. zurück.

355. A. hat für eine Schuld von 100 M. sein 500 M. werthes Pianino dem B. verpfändet und übergeben. C. beschädigt es derart, daß es nur noch 300 M. werth ist. Wer kann gegen C. klagen? A. oder B.? Wenn B., in welcher Höhe? Würde A. durch die Anstellung der Klage Seitens des B. ausgeschlossen?

356. A. hat dem B. für verschiedene Wechselverbindlichkeiten Waaren mit der Abrede verpfändet, daß sie, wenn die Wechsel zur Verfallzeit nicht eingelöst würden, dem B. eigenthümlich gehören sollen und er sie veräußern dürfe. B. hat sie der Abrede gemäß aus freier Hand verkauft. A. verlangt dieserhalb Werthersatz, weil die Abrede nichtig gewesen sei.

357. Der Gläubiger A. hat das Pfand dem Verpfänder B. in der irrthümlichen Meinung zurückgegeben, daß die Pfandschuld getilgt sei. Steht ihm eine Klage zur Wiedererlangung des Pfandes zu? Hat er vielleicht einen Bereicherungsanspruch?

358. A. hatte unter Bürgschaft des B. aus einer in einer Staatswaldung des Regierungsbezirks Kassel abgehaltenen Versteigerung Holz gekauft. Zur Sicherung des geschuldeten Kaufpreises erwirkte die Kgl. Regierung in Kassel in Vertretung des Forstfiskus auf Grund des dem Fiskus zustehenden gesetzlichen Pfandrechts die Eintragung einer Hypothek auf dem Grundbesitze des B. Letzterer stellte gegen die Regierung Klage an mit dem Antrage, sie zur Bewilligung der Löschung dieser Hypothek zu verurtheilen.

Viertes Buch.

Familienrecht.

359. Die A. hat sich bei ihrer Verlobung von ihrem Bräutigam B. in einer notariellen Urkunde eine Strafe von 10000 M. für den Fall versprechen lassen, daß er durch sein Verschulden ihren Rücktritt vom Verlöbnisse veranlassen sollte. Es stellt sich heraus, daß B. trotz der Verlobung ein intimes Verhältniß mit einer Schauspielerin unterhält. Die A. löst deshalb die Verlobung. Welche Ansprüche kann sie gegen B. erheben?

360. Der chinesische Gesandte verheirathet sich in Berlin mit einer Chinesin nach chinesischem Ritus. Ist die Heirath giltig? Wie, wenn die Trauung im Gesandtschaftshotel vorgenommen ist?

361. Der Standesbeamte einer kleinen Stadt spielt in einer Wohlthätigkeitsvorstellung die Rolle eines Standesbeamten. Vor ihm erklären der A. und die B., die in dem Stücke das Liebespaar spielen, in der Schlußszene genau den Formen des Gesetzes entsprechend, daß sie die Ehe mit einander eingehen wollen, und er spricht hierauf aus, daß sie kraft dieses Gesetzes nunmehr rechtmäßig verbundene Eheleute seien. Ist eine giltige Ehe zu Stande gekommen? Wie, wenn ein Ehehinderniß vorliegt?

362. Die Ehefrau eines Rentiers läßt sich in Lebensgröße photographiren, um ihren Mann damit zum Geburtstage zu überraschen. Sie nimmt aber die Photographie nicht ab, weil sie ihr nicht gefällt. Der

Photograph verklagt den Ehemann auf Bezahlung des mit seiner Frau vereinbarten Preises, erbietet sich auch zur Herausgabe der Photographie. Der Beklagte meint, daß es sich hier um eine Schuld seiner Frau handele, zu deren Bezahlung er nicht verpflichtet sei.

363. A. hat für den Erbtheil seiner Tochter B. eine Hypothek an seinem Grundstück ohne Bildung eines Hypothekenbriefes bestellt. Die B. hat der C. die Abtretungserklärung nebst der Eintragungsbewilligung betreffend die Hypothek in notarieller Form ausgehändigt. Die Abtretung ist in das Grundbuch nicht eingetragen. Die C. hat die Hypothek ohne Vorlegung der Abtretungsurkunde dem Erben A.'s., dem jetzigen Hofbesitzer D., gekündigt. Die Abtretungsurkunde ist erst 5 Tage nach der Kündigung gebildet. Die B. und die C. sind verheirathet und leben nach gesetzlichem Güterrechte. D. zahlt nicht. Gegenüber der Klage der C. bestreitet er deren Aktivlegitimation sowie die Giltigkeit der Abtretung und die Ordnungsmäßigkeit der Kündigung. — Ist es von Einfluß, ob die Hypothek verzinslich oder unverzinslich ist?

364. Die A. hat ein Klavier in die Ehe eingebracht. Der Ehemann hat es ohne Zustimmung seiner Frau an B. verkauft. Kann die A. es nach Auflösung der Ehe von B. vindiziren?

365. A.'s Ehefrau hat ohne sein Wissen und seinen Willen ihrer Schwester B. aus ihrem eingebrachten Vermögen 1000 M. geschenkt. A. klagt gegen die B. auf Herausgabe dieser 1000 M. auf Grund seines ehemännlichen Verwaltungsrechts und gegen ihren Ehemann auf Verurtheilung zur Duldung der Zwangsvollstreckung in Ansehung des eingebrachten Gutes. Die B. wendet ein, daß sie mit ihrer Schwester vor deren Verheirathung mit A. gemeinschaftlich eine Schneiderei betrieben und daß sie beide sich aus Anlaß jener Eheschließung dahin auseinandergesetzt, es sollte die Ehefrau des Klägers die Schneiderwerkstatt behalten, dafür aber ihr, der B., bei deren zukünftiger Verheirathung 1000 M. zur Ausstattung geben. Nachdem sie sich verheirathet, habe daher die Ehefrau des Klägers durch Zahlung der 1000 M. lediglich eine voreheliche Schuld erfüllt.

366. Die A. ist am 27. Dezember 1900 geboren. Ihre Mutter war mit dem Beklagten verheirathet, die Ehe war jedoch am 10. Juli 1900 wegen Ehebruchs der Mutter mit X. geschieden, und das Urtheil war am 24. August rechtskräftig geworden. Im November des nächstfolgenden Jahres klagt die A., der nach dem inzwischen erfolgten Tode ihrer Mutter ein Pfleger bestellt worden war, vertreten durch diesen, gegen den geschiedenen Mann ihrer Mutter auf Gewährung von Unterhalt. Er erhebt Widerklage mit dem Antrage: die Klägerin für ein uneheliches Kind ihrer Mutter zu erklären. Die Beweisaufnahme ergiebt, daß die verstorbene Mutter der Klägerin den Beklagten verlassen und in der nämlichen Stadt mit X. im Konkubinate gelebt hat.

367. Der Ehemann A. ist seit vier Jahren abwesend. Im fünften Jahre seiner Abwesenheit kommt seine Ehefrau mit einem Kinde nieder. Der dem Ehemanne bestellte Abwesenheitsvormund fragt, ob er zur Erhebung der Anfechtungsklage legitimirt sei. Er will sie anstellen, weil ihm daran liegt, nicht das Kind aus dem von ihm verwalteten Vermögen des A. unterhalten zu müssen.

368. A. hat dem B. für den Fall, daß er seine Tochter heirathe, eine Wiese versprochen und diese ihm nach der Heirath übergeben. Die Tochter stirbt jedoch schon im ersten Jahre der Ehe, und A. nimmt demzufolge die Wiese wieder für sich in Anspruch. Das will sich B. nicht gefallen lassen. Er klagt auf Herausgabe und Auflassung der Wiese mit der Behauptung, daß sie die Aussteuer seiner verstorbenen mittellosen Frau gebildet habe und den Verhältnissen des A. angemessen sei. A. meint, daß von einer Aussteuer keine Rede sein könne, weil eine Wiese nicht zur Einrichtung des Haushalts gehöre; soweit es sich dabei um eine Schenkung handle, sei sie wegen Formmangels ungiltig.

369. Der einer freireligiösen Gemeinde angehörige Kläger klagt gegen den Kirchenvorstand einer katholischen Gemeinde, deren Pfarrer sein vierjähriges Kind ohne sein Wissen getauft hatte, mit dem Antrage: den Kirchenvorstand zu verurtheilen anzuerkennen, daß die Taufe rechtlich wirkungslos sei.

370. A. läßt seine 6jährige Tochter zur Violinvirtuosin ausbilden. Vom 12. Lebensjahre ab macht er mit ihr Konzertreisen, zieht alle Einnahmen und Geschenke im In- und Auslande ein und verwendet sie theils für sich theils zur Bestreitung des Unterhalts und der weiteren Ausbildung seiner Tochter. Nach Vollendung des 16. Lebensjahres heirathet die Künstlerin mit Einwilligung ihres Vaters den Maler B. Beide belangen nunmehr den A. auf Herausgabe a) des gesammten durch die Konzerte erzielten Erwerbes nebst Zinsen vom Ablauf eines jeden Jahres, in dem der Erwerb stattgefunden hat, und b) der Geschenke, soweit sie in Geld oder Juwelen bestanden. Der Vater macht geltend, daß die Kosten der gesammten Ausbilduug und des Unterhalts seiner Tochter den Erwerb überstiegen, eventuell daß dieser ihm zufallen müsse, weil die Tochter ihn ohne seine Vermittelung und Begleitung überhaupt nicht hätte machen können.

371. Die A. hat im Jahre 1896 ein uneheliches Kind geboren und im Jahre 1900 dessen Erzeuger B. geheirathet. Im Jahre 1899 hatte der in Hamburg ansässige Vater der A. das Kind an Kindesstatt angenommen (arrogirt). Von ihm verlangt es B. mit der Begründung heraus, daß die durch die Eheschließung erfolgte Legitimation der väterlichen Gewalt des Beklagten ein Ende gemacht habe.

Ist diese Ansicht zu billigen?

372. A. ist mit Hinterlassung minderjähriger Kinder verstorben. Das Vormundschaftsgericht hat den X. zum Vormunde bestellt. Nachher stellt sich heraus, daß A. durch letztwillige Verfügung den B. als Vormund benannt hat. Das Vormundschaftsgericht weigert sich, ihn zum Vormunde zu bestellen. Kann B. es durchsetzen und wie?

373. Der Vormund des fünfzehnjährigen A. hat ein diesem gehöriges Haus auf zehn Jahre, ohne die Genehmigung des Vormundschaftsgerichts einzuholen, dem B. vermiethet. Als A. sich mit 23 Jahren verheirathete, strengt er gegen B. die Räumungsklage an.

374. Das Grundstück eines Mündels soll zwangsweise versteigert werden. Der Versteigerungstermin steht am 1. April an. Der Mündel ist am 31. März volljährig geworden. Zum Termin ist der Vormund geladen. Kann er darin mit rechtlicher Wirkung für den Mündel auftreten?

375. Der Vormund A. hat Mündelgelder im Betrage von 60000 M. auf ein Grundstück geliehen, dessen Beleihungsfähigkeit nur 40000 M. beträgt. Nachdem er wegen Pflichtwidrigkeit seines Amtes entlassen war, kommt das Grundstück zur Zwangsversteigerung. Der neu ernannte Vormund B. ersteigert es im Namen des Mündels für 45000 M., so daß die Hypothek des Mündels mit 15000 M. ausfällt. B. klagt nunmehr gegen A. auf Ersatz dieses Betrages. A. wendet ein, daß der Kläger noch vor der Klagezustellung das Grundstück für 80000 M. weiter verkauft und den Kaufpreis bezahlt erhalten, der Mündel also keinen Schaden erlitten habe. B. hält das für unerheblich.

376. Die Ehefrau A. ist wegen Geisteskrankheit entmündigt worden und hierauf mit ihrem Manne nach Amerika ausgewandert. Von dort aus bevollmächtigt sie den Rechtsanwalt B., daß dieser von ihrem Vormunde C. Herausgabe des verwalteten Vermögens und Rechenschaftsablegung verlange. C. bittet den Vormundschaftsrichter um Rath, ob er dem Verlangen stattgeben dürfe.

377. Der Vormund des wegen Geisteskrankheit entmündigten Volljährigen A. hat ein diesem gehöriges Haus auf 5 Jahre an B. vermiethet. Nach Ablauf eines Jahres findet er Gelegenheit es besser zu vermiethen. Er stellt daher gegen B. die Räumungsklage an, weil der Vertrag mangels der Genehmigung des Vormundschaftsgerichts ungiltig sei. B. verlangt Abweisung der Klage. Er führt aus, daß der Vertrag zum mindesten auf vier Jahre giltig sei.

Fünftes Buch.

Erbrecht.

378. Der Vormund des unehelich geborenen A. schließt mit dessen natürlichem Vater B. am 1. Februar einen notariellen Vertrag ab, wonach B. zur Abfindung des A. wegen seines Alimentationsanspruchs 3000 M. zahlen soll. Der Vertrag wird dem Vormundschaftsgerichte zur Genehmigung vorgelegt. Bevor dieses aber dazu kommt, sie zu ertheilen, stirbt A. am 15. Februar, und nunmehr erklärt es sich dazu nicht mehr für befugt. Hierauf genehmigt die uneheliche Mutter A.'s als gesetzliche Erbin den Vertrag und erhebt gegen B. Klage auf Zahlung. Dieser bestreitet, daß die Klägerin aus dem mangels Genehmigung des Vormundschaftsgerichts hinfällig gewordenen Vertrage irgend welche Rechte habe erwerben können.

379. *α*) A. hinterläßt außer seiner Ehefrau B. nur seinen mütterlichen Großvater C. und einen Onkel D., den Bruder seines Vaters.

β) A. hinterläßt zwei Kinder seiner verstorbenen Schwester B. und drei Kinder seines vorverstorbenen Bruders C.

γ) A. hinterläßt seine Mutter, einen vollbürtigen und einen halbbürtigen Bruder.

Wer erbt in den Fällen *α*—*γ* und wie theilen die Erben?

380. Z. hinterläßt einen Sohn A. und die Tochter eines vorverstorbenen Sohnes B., Namens X. Der Nachlaß beträgt 50000 M. Der vor dem Erblasser verstorbene Bruder der X., Namens Y., war mit einem Vorempfange von 10000 M. ausgestattet. Wie ist zu theilen?

381. A. setzt in seinem Testamente den X. zum Erben, seine Frau auf den Pflichttheil ein. Diese kommt am 180. Tage nach A.'s Tode mit einem völlig ausgereiften, aber todtgeborenen Mädchen nieder. Ist das Testament anfechtbar?

382. Mehrere Miteigenthümer einer Sache haben mit einander ein gegenseitiges persönliches Vorkaufsrecht bezüglich ihrer Antheile vereinbart. Einer von ihnen verkauft dessenungeachtet seinen Antheil an einen Dritten, stirbt jedoch, bevor noch die anderen Miteigenthümer ihr Vorkaufsrecht ausgeübt haben. Diese werden seine Erben. Können sie ihr Vorkaufsrecht geltend machen?

383. A. hat gegen seinen Schuldner B. einen vollstreckbaren Titel erlangt. B. stirbt; über seinen Nachlaß wird der Konkurs eröffnet. A. meldet seine Forderung an und fällt in Höhe von 50 Prozent aus. Der Konkurs wird aufgehoben. Nunmehr läßt A. die Vollstreckungsklausel auf den Erben des B. umschreiben und pfändet bei diesem verschiedene Gegenstände. Der Erbe klagt auf Freigabe der Pfandstücke und Feststellung, daß dem A. ihm gegenüber keinerlei Rechte mehr aus dem Schuldtitel zustehen. Er weist darauf hin, daß die Erbmasse, wie aus dem durchgeführten Konkursverfahren erhelle, erschöpft und seine Verpflichtung damit begrenzt sei, behauptet auch, daß die Pfandstücke sein Eigenthum seien.

384. A. und B. sind Geschwister. Ihre Mutter, die in der Markusstraße wohnt, verlebt das Weihnachtsfest bei dem in der Juliusstraße wohnenden B. und verstirbt daselbst. B. nimmt den Nachlaß an sich, versilbert ihn und verwendet ihn zum Theil zur Bestreitung der Beerdigungskosten. A., der im Auslande war, verlangt nach seiner Rückkehr klagend von B. Rechnungslegung, Offenlegung des Nachlasses und eidliche Erhärtung des Nachlaßverzeichnisses. Er behauptet insbesondere, daß die Erblasserin ein Sparkassenbuch über 1000 M. besessen habe, das zum Nachlaß gehöre. Die Beweisaufnahme ergiebt, daß die Erblasserin dieses Sparkassenbuch vor mehreren Jahren unter Einzahlung von 100 M. auf den Namen des B. hatte ausstellen lassen und ihm zu Weihnachten geschenkt und übergeben hatte. B. gab es ihr jedoch mit der Bitte um Aufbewahrung zurück. Die Mutter leistete nun von Zeit zu Zeit weitere Einzahlungen darauf und erzählte gelegentlich ihrem Sohne, daß sie fleißig für ihn spare. B. erhebt daher eine Widerklage auf Anerkennung seines Eigenthums an dem Sparkassenbuche. Wie ist zu entscheiden? Macht es einen Unterschied, wenn die Erblasserin das Sparkassenbuch bei dem letzten Weihnachtsfeste dem B. wiederum übergeben hat? Muß B. es in beiden Fällen im Nachlaßverzeichniß aufführen?

385. A. ist redlicher Besitzer einer zur Erbschaft des B. gehörigen Sache. Er schenkt sie dem C. und erhält 8 Tage darauf von diesem als Gegengeschenk ein Pferd. D., der Erbe des B., erfährt hiervon und verlangt klagend von A. Herausgabe des Pferdes oder dessen Werth. Ist die Klage begründet?

386. A. klagt gegen seinen Miterben B. auf Theilung einer einzelnen, zur Erbmasse gehörigen Sache. B. beantragt Abweisung, weil, was unstreitig, eine Auseinandersetzung noch nicht stattgefunden hat. Wie ist zu erkennen?

387. Auf einem dem Beklagten gehörigen Grundstücke steht eine Hypothek von 1000 M. eingetragen. Der Hypothekengläubiger verstirbt und wird von A. und B. zu gleichen Theilen beerbt. C., ein Gläubiger des A., hat sich dessen angebliche Hälfte an der Hypothekenforderung zur Einziehung überweisen lassen; eine Erbauseinandersetzung zwischen A. und B. hatte indeß noch nicht stattgefunden.

C. klagt mit dem Antrage: Den Beklagten zur Zahlung der gedachten Summe an die Hinterlegungsstelle behufs Bildung einer Streitmasse (betr. die Auseinandersetzung des Klägers mit den Erben) zu verurtheilen.

Der Beklagte beantragt Abweisung, weil dem Kläger ein Klagerecht gegen den Beklagten nicht zustehe.

388. A. hinterläßt eine Wittwe und vier Söhne. Jeder Sohn hat bei Lebzeiten A.'s 1000 M. erhalten, und zwar B. als Ausstattung, C.

als Beihilfe zum Studium, D. als Darlehen, E. als Geschenk. Wer von ihnen ist ausgleichungspflichtig?

389. A. hat dem B. ein Darlehn von 1200 M. gegeben. A. wird von einem Sohne, B. wird von zwei Töchtern beerbt. Die Erben des A. klagen gegen die Erben des B., welche den Nachlaß unter sich getheilt haben. Wie wird der Antrag zweckmäßig gestellt werden?

390. A. hat in seinem Testamente verordnet: B. und C. sollen meine Erben sein. Wenn einer von ihnen nicht Erbe sein kann oder will, soll D. Erbe sein. B. ist vor dem Erbanfalle verstorben. Wer erhält seinen Theil? Wer, wenn er nach dem Eintritte des Erbanfalls, aber vor dem Ablaufe der Ausschlagungsfrist gestorben ist, ohne sich über die Annahme der Erbschaft erklärt zu haben.

391. Die Eheleute A. haben sich in einem gemeinschaftlichen Testamente gegenseitig zu Erben und die beiderseitigen Intestaterben zu Nacherben des Ueberlebenden eingesetzt. Die überlebende Ehefrau hat dem B., der den Inhalt des Testaments genau kennt, ein Nachlaßgrundstück verkauft und aufgelassen. Die Intestaterben klagen gegen B. auf Eintragung einer Eigenthumsbeschränkung. Dieser bittet um Abweisung, weil die Kläger ein Recht auf das Grundstück erst mit dem Eintritte des Falles der Nacherbfolge geltend machen könnten.

392. Dem A. ist eine Hypothek vermacht mit der Bestimmung, daß ihm seine Kinder fideikommissarisch substituirt sein sollen. Die Hypothek ist im Grundbuch für ihn unter Vormerkung der Substitution umgeschrieben. Nachdem er dem Schuldner der Hypothek diese gekündigt, verlangt er klagend ihre Bezahlung. Der Beklagte beantragt Abweisung, weil A. allein zur Einziehung der Hypothek nicht befugt sei, dazu vielmehr die Genehmigung seiner Descendenz beibringen müsse.

393. A. bestimmt, daß seine Erben B., C. und D., von denen der erste zu $^1/_6$, der zweite zu $^1/_3$, der dritte zur Hälfte eingesetzt ist, seinem Neffen E. ein Wohnhaus im Preise von 24000 M. verschaffen sollen. Er fügt hinzu, daß er über das Verhältniß, in welchem ein Jeder von ihnen zu diesem Vermächtniß beitragen solle, nichts bestimme, weil er das Vertrauen zu ihnen hege, daß sie es recht machen werden. Die Erben gerathen indeß in Streit. Während B. nur 4000 M. beisteuern will und verlangt, daß D. 12000 M. entrichte, ist dieser der Ansicht, daß ein Jeder 8000 M. zahlen müsse.

394. A. hat seinem Erben B. im Testament auferlegt, von denjenigen 6000 M., welche B. ihm, A., schulde, an C. ein Legat von 3000 M. zu zahlen. B. tritt die Erbschaft an, leugnet aber jede Schuld an A. Kann C. einen Anspruch auf die 3000 M. an B. begründen und wie?

395. A. vermacht dem B. sein Haus. Nach A.'s Tode stirbt B., ohne von dem Vermächtniß Kenntniß erhalten zu haben. Können B.'s Erben das Haus für sich in Anspruch nehmen? Wie, wenn das Vermächtniß an die Bedingung geknüpft war, daß B. bis zu seinem Tode in seiner Vaterstadt wohnen bleibe, und B. gestorben ist, ohne sie verlassen zu haben?

396. A. hat testamentarisch verordnet: Mein Neffe B. soll am Tage seiner Volljährigkeit 10000 M. zur Errichtung eines Geschäfts ausgezahlt erhalten. Wie A. starb, war B. 17 Jahre alt und Handlungsgehilfe in einer Strumpfwaarenfabrik. Nach Vollendung des 18. Lebensjahres wurde er zwecks Uebernahme eines Eisenwaarengeschäftes für volljährig erklärt, starb aber kurz nach der Volljährigkeitserklärung und vor der Uebernahme des Geschäfts. Haben seine Erben Anspruch auf Auszahlung des Vermächtnisses?

397. A. hatte in dem Uebergabe- und Abfindungsvertrage, betreffend die väterliche Vollhofstelle, sich verpflichtet, jedem seiner acht Geschwister zur Zeit der Verheirathung oder der Begründung eines eigenen Haushalts 1500 M. zu zahlen. In der Folge starb der Bruder B. unverheirathet und unselbstständig. Die anderen Geschwister fordern ihren Erbtheil von der Abfindungssumme. A. macht geltend, daß die Bedingung, an welche die Abfindung geknüpft worden, nicht eingetreten, also nichts zu zahlen sei.

398. A. hat den Sohn B. seiner Tochter C. zum Erben eingesetzt, der C. den lebenslänglichen Nießbrauch an der Erbschaft vermacht und den D. zum Testamentsvollstrecker mit der Bestimmung ernannt, daß dieser den Nachlaß im weitesten Umfange verwalten solle. Die C. veräußerte eine zum Nachlaß gehörige kostbare Violine. Ihr inzwischen großjährig gewordener Sohn klagt gegen sie auf Wiederherbeischaffung der Violine. Ist er hierzu legitimirt?

399. A. hat seinen Sohn B. enterbt und nur seine Töchter C. und D. zu Erben eingesetzt, den E. zum Testamentsvollstrecker ernannt. B. klagt, nachdem C. und D. ihn als pflichttheilsberechtigt im Vergleichswege anerkannt haben, gegen E. auf Feststellung des streitigen Betrags seines Pflichttheils. Ist E. passiv legitimirt?

400. A. schließt, ohne seinen leiblichen Sohn zu berücksichtigen, mit B. einen wechselseitigen Erbvertrag, worin sich beide zum alleinigen Erben einsetzen. Nach A.'s Tode verlangt B., welcher die Erbschaft angetreten, von C. die Herausgabe einer bei diesem von A. verzinslich hinterlegten Summe. C. leugnet die Aktivlegitimation des Klägers. Außerdem wendet er ein, daß der Sohn A.'s gleichfalls Ansprüche auf die beregte Summe erhoben habe. Er beantragt daher Abweisung und Feststellung seiner Befugniß zur Hinterlegung.

401. Die A. hat nach dem Tode ihres Mannes vom Vormundschaftsgericht einen Beistand erhalten. Ihre 19jährige Tochter hat als Braut des B. mit diesem unter Genehmigung der Mutter und des Beistandes einen Erbvertrag geschlossen, inhalts dessen der überlebende Ehegatte der alleinige Erbe des zuerst Versterbenden sein sollte. Nachdem B. die Tochter geheirathet hatte, diese aber bald darauf verstorben war, klagt er gegen die A. auf Herausgabe einer angeblich der Verstorbenen gehörigen Obligation. Die A. leugnet die Giltigkeit des Erbvertrages, weil die Genehmigung des Vormundschaftsgerichts mit Rücksicht darauf erforderlich gewesen wäre, daß sie nur eine beschränkte elterliche Gewalt gehabt habe.

402. A. hinterläßt außer seiner Ehefrau: 1) seine Mutter und seinen väterlichen Großvater; 2) seine Eltern und zwei Brüder. Wie viel darf er der Ehefrau höchstens hinterlassen?

403. a) Der einzige Sohn A. ist als Erbe, der Extraneus B. ist als Ersatzerbe eingesetzt. A. wird für erbunwürdig erklärt. Steht den weiteren Abkömmlingen oder den Eltern des Erblassers ein Pflichttheilsanspruch zu? b) Der einzige Sohn A. hat: α) für sich, β) für sich und seine Abkömmlinge auf das Erbrecht verzichtet. Der Extraneus B. ist als Ersatzerbe eingesetzt. Wem steht der Pflichttheilsanspruch zu?

404. Der einzige Sohn A. hat: α) auf sein Pflichttheilsrecht verzichtet; β) sich einer Verfehlung schuldig gemacht, die den Erblasser berechtigt hätte, ihm den Pflichttheil ganz zu entziehen. Dessen ungeachtet hat ihm der Erblasser ein Haus, das die Hälfte des Pflichttheils werth ist, hinterlassen. A. hat es angenommen. Haben in diesem Falle die Eltern des Erblassers einen Pflichttheilsanspruch? Bejahenden Falls: wie groß ist er?

405. Der Erblasser hinterläßt seinen einzigen Sohn A. und dessen Kinder. Die letztwillige Verfügung lautet: „Ich setze meinen Sohn A. zu meinem alleinigen Erben ein. Wenn dieser nicht Erbe sein kann oder will, soll, gleichviel ob A. Kinder hat oder nicht, mein Freund B. mein alleiniger Erbe sein."

Können die Kinder des A. den Pflichttheil verlangen, 1) wenn A., weil er schon vor dem Erblasser gestorben ist, nicht Erbe sein kann; 2) wenn A. den Erblasser überlebt, aber die Erbschaft ausschlägt? (Vgl. hierzu Küntzel in Gruchot's Beiträgen 1897 S. 450 ff.)

406. Wieviel hat der Erbe in folgenden Fällen als Pflichttheil zu zahlen? 1) Der Nachlaß beträgt 20000 M. Der Sohn A. hat 8000 M., der Sohn B. hat 2000 M. als Ausstattung erhalten. Beide sind enterbt. C., ein Fremder, ist Erbe.

2) Der Nachlaß beträgt 20000 M. Seine Söhne A., B. und C. haben 8000 M. bezw. 2000 M. bezw. 12000 M. im Voraus empfangen. A. und B. sind enterbt. C. ist Erbe.

3) Der Nachlaß beträgt 16000 M. Als Erben sind eingesetzt der Sohn A. auf $^{3}/_{16}$, die zweite Ehefrau B. auf $^{13}/_{16}$. Die Tochter C. hat sich 8000 M. anrechnen zu lassen und ist ausgeschlossen.

Wie steht es in den Fällen zu 1 und 2, wenn der Erblasser dem B. die Anrechnung der 2000 M. Vorempfang auferlegt hat? (Aus dem Kommentar von Fischer-Henle, § 2316 B.G.B. Anm.)

407. Der Erblasser A. hat nur einen kinderlosen Sohn B., sonst keinen näheren Verwandten; er enterbt den B., setzt den Fremden C. als Erben ein mit der Verpflichtung, $^{3}/_{4}$ des Nachlasses als Vermächtniß an D. herauszugeben; den D. verpflichtet er, $^{1}/_{2}$ des Nachlasses als Untervermächtniß an E. herauszugeben, und diesen belastet er wieder mit der Verpflichtung, $^{1}/_{4}$ als Vermächtniß an den enterbten B. herauszugeben. B. schlägt unter Geltendmachung seines Pflichttheilrechts das Vermächtniß aus. Wie gestalten sich die Rechtsverhältnisse?

408. Die Klägerin hat sich im Jahre 1890 in ihrem 20. Lebensjahre mit einem in angesehener, bürgerlicher Stellung stehenden Manne verheirathet. Die Ehe ist im Jahre 1900, weil die Klägerin wiederholt mit fremden Männern in Verkehr gestanden hat, geschieden worden.

In dem im Jahre 1902 von ihren Eltern errichteten, gemeinschaftlichen Testamente ist sie zuerst mit ihren übrigen 4 Geschwistern eingesetzt, am Schlusse aber wegen unsittlichen Lebenswandels enterbt worden. Im Jahre 1906 haben sie die Eltern in die häusliche Gemeinschaft aufgenommen und darin bis zu ihrem, der Eltern, Tode behalten. Die Klägerin verlangt in der gegen die eingesetzten Erben erhobenen Klage, daß das Testament für ungiltig erklärt und ihr der Pflichttheil ausgekehrt werde.

409. Ein Berliner verlegt seinen Wohnsitz nach Florenz. Gelegentlich einer Besuchsreise errichtet er in Berlin ein Testament und setzt darin unter Enterbung eines Sohnes aus erster Ehe seine zweite Frau zur Erbin ein. Er stirbt in Wien. Sein in Werthpapieren befindliches Vermögen befindet sich zum Theil in Köln, zum Theil in Paris. Nach welchem Rechte beurtheilt sich die Giltigkeit des Testaments? Hat die Frau Anspruch auf Ertheilung eines Erbscheins? An welches Gericht muß sie sich wenden?

410. Der durch einen Erbschein legitimirte Erbe klagt gegen einen Schuldner des Erblassers auf Zahlung. Der Beklagte bestreitet das Erbrecht des Klägers. Muß dieser sein Erbrecht nachweisen oder genügt die Berufung auf den Erbschein?

411. Der im Jahre 1900 verstorbene Rentier A. hatte in seinem Testament Folgendes bestimmt: „Meine Tochter Agnes soll an dem ihr zufallenden Erbtheile nur den Nießbrauch haben; das Erbtheil selbst soll von dem Testamentsvollstrecker X. verwaltet und nach ihrem Tode an ihre Descendenten, und zwar unter Ausschluß des Nießbrauchs- und Verwaltungsrechts ihres Vaters, zu deren freiem Vermögen gezahlt werden." Die Tochter starb 1905 und hinterließ drei Kinder, nämlich die Frau des Uhrmachers Müller, Namens Klara, und die Söhne Robert und Oscar. Ein dritter Sohn Gustav war unverheirathet und kinderlos im Jahre 1904 verstorben.

B. hat von der Klara Müller im Januar 1901 in notarieller, von ihrem Ehemanne genehmigter Verhandlung den 4. Theil ihrer Erbschaft gekauft. C. hat dem Gustav im Februar 1901 dessen Erbtheil mittels gerichtlichen Vertrages abgekauft. B. und C. streiten darüber, ob der Nachlaß der Agnes in 3 oder in 4 Theile zu theilen ist. B. begehrt Verurtheilung des C.: darein zu willigen, daß der 12. Theil des von X. verwalteten Agnes'schen Nachlasses an ihn ausgezahlt werde.

Einführungsgesetz.

412. Der inländische Sportsmann A. verpfändet auf einem ausländischen Wettrennen sein im Inlande befindliches Rennpferd „Numa" einem Engländer. Nach dem ausländischen Gesetze ist Begründung des Pfandrechts an einer Mobilie durch bloßen Vertrag ohne Besitzübertragung anerkannt. Kann der Engländer sein Pfandrecht hier geltend machen? — Kann er es, wenn das Pferd sich zur Zeit der Verpfändung gleichfalls auf dem ausländischen Rennplatze befunden hat, A. aber fortdauernd in seinem Besitze geblieben ist?

413. Der inländische Rittergutsbesitzer A. verkauft im Auslande durch einen nach dortigem Rechte giltigen formlosen Vertrag sein Rittergut an den Inländer B. Nachdem beide in's Inland zurückgekehrt sind, weigert A. die Erfüllung. Hat B. einen klagbaren Anspruch?

414. Deutsche Katholiken wollen die standesamtliche Eheschließung vermeiden. Sie begeben sich ins Ausland, wo eine bürgerlich wirksame Eheschließung vor dem Geistlichen anerkannt ist. Ist die Ehe giltig?

415. Der Deutsche A. erwirbt die türkische Staatsangehörigkeit und wird Muhammedaner, um gleichzeitig eine Deutsche, eine Französin und eine Engländerin heirathen zu können. Nachdem er mit ihnen in Konstantinopel die Ehe geschlossen hat, läßt er sich in Deutschland nieder. Ist die Ehe giltig?

416. Nach dem Rechte eines auswärtigen Staates ist die Einwilligung der Eltern zur Eheschließung der Kinder nicht erforderlich. Kann sie von einem solchen, nach dem Rechte seines Heimathsstaates ehemündigen, aber erst 20jährigen Ausländer, wenn er sich hier verheirathen will, verlangt werden?

417. Eine Pariserin, welche in Dresden Musik studirt, wird daselbst von einem dort wohnhaften Bayern geschwängert. Welche Ansprüche hat sie und das uneheliche Kind gegen dessen Erzeuger?

418. Der Ausländer X. hatte zur Zeit seines Todes seinen Wohnsitz in München. Das ausländische Recht bestimmt, daß Erbfolgestreitigkeiten nach dem Rechte am letzten Wohnsitze des Erblassers zu entscheiden sind. Wird er nach dem deutschen oder dem ausländischen Rechte beerbt?

419. Ein russischer Jude, dem es in Rußland verboten ist Grundstücke zu erwerben, kauft sich in Berlin ein Haus. Kann es ihm aufgelassen werden?

420. Ein Muhammedaner will in Berlin neben seiner ersten Frau eine zweite heirathen. Wird der Standesbeamte ihn trauen?

420. Der im Regreßwege gemäß Art. 50 W.O. unter Anderem auf 6 % Zinsen in Anspruch genommene X. macht geltend, daß er nach § 288 B.G.B. als Nichtkaufmann nur 4 % Zinsen zu bezahlen habe. Ein anderer Regreßpflichtiger, der Kaufmann ist, will wegen § 352 H.G.B. nur 5 % Zinsen zahlen.

422. A. hat sein Haus gegen Brandschaden bei zwei Gesellschaften, der Colonia und der Agrippina, auf den vollen Werth versichert. Nach einem Brande wird er von der Colonia entschädigt. Dessenungeachtet klagt er gegen die Agrippina auf Zahlung der Versicherungssumme. Diese wendet ein, daß er bereits von der Colonia voll entschädigt sei. Ist der Einwand begründet?

423. Der 18jährige A. ist im Jahre 1899 für großjährig erklärt worden. Er will sich im Jahre 1900 verehelichen. Bedarf er dazu einer Dispensation?

424. Der Kaufmann A. in Berlin hat sich im Februar 1899 gegenüber dem Heirathsvermittler B. schriftlich verpflichtet, diesem 1000 M. zu zahlen, wenn er ihm die C. zur Frau verschaffe. Durch die Vermittelung B.'s kommt die gewünschte Heirath a) zu Weihnachten 1899 b) zu Ostern 1900 zu Stande. Hat die im Jahre 1900 angestrengte Klage B.'s auf Zahlung der Provision Aussicht auf Erfolg?

425. Der Schuster A. hat gestohlenes Leder im Dezember 1899 zu Schuhen verarbeitet. Von dem Eigenthümer im Januar 1900 auf Herausgabe der Schuhe verklagt bittet er um Abweisung der Klage, weil er durch die Verarbeitung des Leders nach § 950 B.G.B. das Eigenthum an den Schuhen erworben habe. Der Kläger ist der Ansicht, daß das bisherige Recht entscheide. — Wie steht es, wenn der Schuster erst im Januar 1900 die Schuhe angefertigt hat? (Aus Dernburg, Sachenrecht, 1898, § 65.)

426. In dem am 1. Januar 1899 auf ein Jahr mit dreimonatiger Kündigungsfrist geschlossenen Miethsvertrag ist bestimmt, daß er, wenn nicht spätestens am 1. Oktober gekündigt wird, als auf unbestimmte Zeit verlängert gilt. Die Kündigung ist nicht erfolgt. Am 1. Februar nimmt der Miether einen Untermiether an, wozu er nach dem bisherigen Rechte keiner Erlaubniß bedurfte. Am 2. April klagt der Vermiether gegen ihn auf Räumung, weil er das gesetzliche Verbot der Untermiethe übertreten habe.

427. A. hat von B. am 1. Oktober 1899 ein Haus auf 10 Jahre mit Vereinbarung einer sechsmonatigen Kündigungsfrist gemiethet. Im Vertrage ist ausbedungen, daß A. auf die Geltendmachung der ihm wegen gesundheitswidriger Beschaffenheit des Hauses zustehenden Rechte verzichte. Im Januar 1900 stellt sich heraus, daß das Haus vom Schwamm ergriffen und so feucht ist, daß es für den dauernden Aufenthalt von Menschen durchaus ungeeignet ist. A. kündigt daher das Miethsverhältniß zum 1. Februar. B. erklärt unter Berufung auf den Vertrag, daß er ihn nicht ziehen lassen werde und sein Pfandrecht geltend mache. Ist dem A. zu helfen?

428. Nach Landesrecht (§ 25 ff. A.L.R. I 15) hat, wer entgeltlich eine Sache von einer unverdächtigen Person, der sie nicht gehörte, an sich gebracht hat, dem sie zurückfordernden Eigenthümer gegenüber den Anspruch auf Erstattung dessen, was er dafür gegeben oder geleistet hat. A. hat nun im Dezember 1899 einen Tisch vom Nichteigenthümer gegen Zahlung von 20 M. redlich erworben. Im Januar 1900 beansprucht B., der Eigenthümer des Tisches, von ihm dessen Herausgabe. Kann A. die 20 M. ersetzt verlangen?

429. A., der Eigenthümer einer hypothekarisch belasteten Baustelle bestellt im Jahre 1899 seinem Nachbarn B., ohne daß ein Anderer etwas davon erfährt, eine Wegegerechtigkeit über das Grundstück. Im Jahre 1900 findet die Zwangsversteigerung der Baustelle statt. Der Ersteher C., welcher von der Wegegerechtigkeit nichts wußte, errichtet darauf ein Gebäude. Jetzt macht B., der zwei Jahre verreist gewesen war und weder von der Zwangsversteigerung noch von der Errichtung des Gebäudes Kenntniß gehabt hatte, die Grunddienstbarkeit geltend. Wie ist dem C. zu helfen?

430. Ein Berliner Ehepaar, das im Jahre 1895 geheirathet hat, will sich im Jahre 1902 wegen unüberwindlicher Abneigung (s. A.L.R. II 1 §§ 716 ff.) scheiden lassen. Kann es das?

Kolibri 360 GmbH
Ferdinand-Jühlke-Straße 7
99095 Erfurt, Deutschland
produktsicherheit@kolibri360.de